सुरक्षा गार्ड सेवा

भर्ती, प्रशिक्षण, कैरियर व रोजगार

आदि के बारे में समस्त जानकारी देने वाली पुस्तक

सुरक्षा गार्ड सेवा

भर्ती, प्रशिक्षण, कैरियर व रोजगार आदि के बारे में
समस्त जानकारी देने वाली पुस्तक

राजीव यादव

यूनीकॉर्न बुक्स

प्रकाशक
यूनीकॉर्न बुक्स

F-2/16, अंसारी रोड, दरियागंज, नई दिल्ली-110002
☎ 23275434, 23262683, 23262783
फैक्स: 011-23257790
E-mail: unicornbooks@vsnl.com
Website: www.unicornbooks.in

ISBN 978-81-7806-214-3

संस्करण : 2019

मुद्रक : परम ऑफसेटर्स, ओखला, नई दिल्ली-110020

समर्पण

यह पुस्तक मेरी प्रिय पुत्री
शारमेन को समर्पित है।

भूमिका

यह पुस्तक भारत के ग्रामीण एवं अर्द्धग्रामीण इलाकों में रहने वाले 18 से 30 वर्ष के उन युवकों को, जो कि शहरों की तरफ बेहतर जीवन एवं नौकरी के लिए आकर्षित होते हैं एवं उन जवानों के लिए जो कि पहले से ही शहरी इलाकों में आ चुके हैं, को एक समन्वित एवं सुलभ अवसर के बारे में जानकारी देने के लिए मेरे 21 वर्ष के अनुभव के आधार पर आपके समक्ष प्रस्तुत है। साथ ही यह पुस्तक भारतीय सेना के तीनों अंगो, केन्द्रीय सरकार में अर्द्धसैनिक बलों एवं समस्त राज्यों के पुलिस बलों में नौकरी से रिटायरमेण्ट ले चुके जवानों तथा अधिकारियों को भी समर्पित है, जो उन्हें अपने अवकाशप्राप्त जीवन में भी बेहतर एवं सुलभ कार्य उपलब्ध करा सकती है।

हालाँकि, भारत एक महाशक्ति के रूप पर पूरे विश्व में उभर रहा है, परन्तु इस प्रगति के रास्ते में हमारे ग्रामीण परिवेश के युवाओं को कई चुनौतियों का सामना करना पड़ता है, जिसमें प्रमुख है– शिक्षा यूँ तो भारत में कई बेहतर शिक्षण संस्थान हैं, जैसे कि IIT, IIM एवं कई सारे विश्वविद्यालय तथा अन्य शिक्षण संस्थान, पर इनकी पहुँच केवल शहरों तक ही सीमित है एवं इनकी फीस भरना भी ग्रामीण क्षेत्र के युवाओं के लिए आसान नहीं है। ग्रामीण क्षेत्र में ज्यादातर युवक इण्टर तक की पढ़ाई ही कर पाते हैं एवं घर के आर्थिक आधार पर उन्हें इण्टर के बाद ही स्वयं को सँभालने तथा नौकरी करने की जरूरत आ पड़ती है। इसके अलावा ग्रामीण इलाकों में उन्हें रोजगार के अवसर उपलब्ध नहीं हो पाते हैं, इसलिए ज्यादातर ग्रामीण युवा शहरों की ओर रुख करते हैं तथा सबसे ज्यादा सुलभ कार्य जो कि उन्हें

तुरन्त मिल सकता है- वह है सुरक्षा गार्ड का, जिसमें किसी तकनीकी ज्ञान की आवश्यकता नहीं पड़ती, केवल इण्टर तक की शिक्षा के आधार पर ही वे सामान्य वेतन पर रोजगार पा सकते हैं।

हालाँकि यह आसान-सा कार्य लगता है, परन्तु बिना किसी अनुभव या प्रशिक्षण के ज्यादातर ग्रामीण युवा या तो यह कार्य प्राप्त नहीं कर पाते हैं या जल्दी ही नौकरी से निकाल दिये जाते हैं। इसी समस्या को ध्यान में रख कर यह पुस्तक आपके लिए प्रस्तुत की जा रही है, जो कि आपको सुरक्षा गार्ड के काम के बारे में विस्तृत जानकारी देगी एवं इसको पढ़ने के बाद आप आत्मविश्वास से भर उठेंगे और सुरक्षा गार्ड का कार्य आसानी से प्राप्त कर पाएँगे।

इसके अलावा नौकरी के लिए किसी सुरक्षा कम्पनी में जाकर साक्षात्कार के समय आप यह पुस्तक सुरक्षा अधिकारी के समक्ष प्रस्तुत करके, आप उन्हें यह विश्वास दिलाने में कामयाब रहेंगे कि आप सुरक्षा गार्ड के कार्य एवं जिम्मेदारियों को बखूबी समझते हैं एवं इसे बखूबी निभा भी सकते हैं तथा जिस तरह से यह पुस्तक आपको प्रशिक्षण एवं जानकारी देती है, वह आपको सिर्फ सुरक्षा गार्ड की नौकरी ही नहीं दिलवाएगी बल्कि वह ड्यूटी निभाने के गुर भी सिखाएगी, जिससे कि आपको शहर आने के बाद दर-ब-दर सुरक्षा कम्पनियों के पास भटकना नहीं पड़ेगा और न ही इस व्यवसाय में आपको दिक्कतों का सामना करना पड़ेगा। यदि आप केवल यह पुस्तक अपने अधिकारी को दिखाकर बतायें कि आपने इसको पढ़कर कैसी जानकारी एवं प्रशिक्षण हासिल किया है, तो मुझे पूरा विश्वास है कि आपको तुरन्त सुरक्षा गार्ड की नौकरी मिल जाएगी।

यह पुस्तक उन युवाओं के लिए भी बेहद उपयोगी एवं उपयुक्त है, जो कि पहले से ही सुरक्षा गार्ड की नौकरी कर रहे हैं, परन्तु इसमें गलतियाँ कर रहे हैं। इसका कारण है कि अपनी जिम्मेदारी को ठीक ढंग से समझ नहीं पा रहे हैं या निभा नहीं पा रहे हैं। आपको अपनी सुरक्षा कम्पनी की तरफ से कोई प्रशिक्षण दिया ही नहीं जा रहा है। इस पुस्तक को पढ़ने से आपके ज्ञान में वृद्धि होगी एवं सुरक्षा जैसे अहम् विषय पर अपनी जिम्मेदारियों एवं आपके कार्य में बेहतर परिवर्तन आएगा, जिससे कि आपको तरक्की मिल सकती है एवं आपके कार्य की सराहना की जाएगी। यह पुस्तक आपको सुरक्षा के

भिन्न-भिन्न अंगों एवं विभिन्न तरह की ड्यूटी के बारे में जानकारी देगी, जिससे कि आप किसी भी पद पर अपनी ड्यूटी बेहतर तरह से दे पाएँगें एवं अपनी काबिलियत का अहसास सभी लोगों को करवा सकेंगे।

इसके अलावा यह पुस्तक भारतीय सेना के सेवानिवृत जवानों एवं अन्य सशस्त्र बलों तथा पुलिस के जवानों के लिए भी अत्यन्त उपयोगी साबित होगी, क्योंकि सरकारी नौकरी एवं प्राइवेट सेक्टर की नौकरी में काफी अन्तर है। हालाँकि आपको सरकारी नौकरी में सुरक्षा करने की जानकारी है तथा वह आपके काम भी आएगी एवं आपको वरीयता भी दिलवाएगी, परन्तु आप यदि जानकारी के अभाव में खुद को प्राइवेट नौकरी में सफल नहीं कर पाते हैं, तो यह पुस्तक आपको सिविल सुरक्षा क्षेत्र के बारे में पूरी जानकारी देगी, जो कि आपके सरकारी नौकरी के अनुभव के साथ मिलकर आपको बेहतर वेतन एवं अवसर प्राप्त करने का गुण सिखाएगी।

अतः मेरा विश्वास है कि मेरे 21 वर्ष के सुरक्षा अनुभव के आधार पर लिखी गयी यह पुस्तक साधारण सैनिक या गैर सैनिक, ग्रामीण, अर्द्धग्रामीण एवं अन्य किसी भी युवक/व्यक्ति को जो कि सुरक्षा गार्ड की नौकरी में हैं या करना चाहते हैं तो अत्यन्त उपयोगी साबित होगी एवं हमारे कम शिक्षित ग्रामीण भाइयों को सुरक्षा गार्ड की नौकरी हासिल करने एवं उसे बेहतर तरीके से निभाने में सफल साबित होगी।

धन्यवाद!

–राजीव यादव

प्रस्तावना

सुरक्षा का काम उतना ही पुराना है जितनी कि मानव सभ्यता। जिस प्रकार मानव सभ्यता अग्रसर एवं सुनियोजित होती गयी, उसी तरह 17वीं शताब्दी के दौरान सर्वप्रथम पुलिस सुरक्षा की नींव पड़ी जो कि समग्र रूप से समाज की सुरक्षा के लिए संगठित तरीके से कार्य करती है। इससे पहले ज्यादातर व्यापारी अपनी स्वयं की सुरक्षा खुद करते थे। संगठित समाज में कानून के द्वारा सबकी सुरक्षा के लिए विभिन्न देशों में पुलिस बल का संगठन किया गया एवं इन्हें कानून के द्वारा विशिष्ट शक्तियाँ प्रदान की गयीं, जिसमें गिरफ्तार करने का अधिकार एवं न्यायालय में अपराधियों के खिलाफ मुकदमा रखने एवं उन्हें सजा दिलाने का महत्त्वपूर्ण कार्य पुलिस बलों को दिया गया। जिस तरह सैन्यबल देश की बाहरी खतरों से सुरक्षा करते हैं, उसी तरह अन्दरूनी अपराधों एवं खतरों पर पुलिस बल नियन्त्रण रखते हैं।

18वीं एवं 19वीं शताब्दी में औद्योगिक क्रान्ति के बाद अनेक व्यापारिक संस्थान वजूद में आये, परन्तु जल्दी ही यह साफ हो गया कि पुलिस बल इन सबको सुरक्षा नहीं दे सकता। इसी आधार पर इन अनगिनत व्यापारिक संस्थानों को अपनी सुरक्षा खुद करने की आवश्यकता आ पड़ी। इस कमी को पूरा करने के लिए सुरक्षा गार्ड के काम को अहमियत मिली। इसके साथ ही औद्योगिक संस्थानों की सुरक्षा के लिए विभिन्न सुरक्षा एजेंसी वजूद में आयीं। पश्चिम के औद्योगिक देशों में जल्दी ही कई सारी सुरक्षा एजेंसियों ने सुरक्षा के इस कार्य को संगठित तरीके से करना शुरू कर दिया तथा एक बड़ी संख्या में सुरक्षा गार्ड की भर्ती एवं उन्हें ड्यूटी देना शुरू कर दिया।

भारत के परिप्रेक्ष्य में 1947 में देश के आजाद होने के बाद भारत ने समाजवाद के आधार पर देश में अधिकतर क्षेत्रों में सरकारी उद्योगों को लगाना शुरू किया एवं इनकी सुरक्षा के लिए सीआईएसएफ (सेण्ट्रल इण्डस्ट्रियल सिक्योरिटी फोर्स) का गठन किया गया। सुरक्षा के क्षेत्र में अवसर आम आदमी को कम उपलब्ध थे एवं जो थे वह ज्यादातर चौकीदार के नाम से जाने जाते थे तथा यह संगठित भी नहीं थे, जिससे इन्हें कई सुविधाएँ उपलब्ध नहीं थीं, जो कि सरकारी सुरक्षाकर्मियों को दी जाती थी। जैसे कि पेंशन, ग्रेच्युअटी एवं स्वास्थ सेवाएँ आदि। परन्तु 90 के दशक तक आते-आते देश के सामने यह साफ हो गया कि उद्योगों पर सरकारी नियन्त्रण रखना ठीक नही है एवं इसके साथ ही 90 के दशक में देश ने अपने बाजार एवं इकोनॉमी को विश्व के लिए खोल दिया, जिससे औद्योगिक क्षेत्र में तेजी से विस्तार होना शुरू हो गया। इसके साथ ही इनकी सुरक्षा के लिए कई सारी सुरक्षा एजेंसियाँ वजूद में आ गयीं तथा सुरक्षा गार्ड की डिमाण्ड तेजी से बढ़ी एवं देश के ग्रामीण क्षेत्रों से भारी संख्या में युवक अपने नजदीकी व अन्य बड़े शहरों की तरफ आकर्षित होने लगे तथा उन्हें सुरक्षा गार्ड की नौकरी भी आसानी से मिलने लगी।

इस तरह विभिन्न औद्योगिक संस्थानों एवं कमर्शियल जगहों पर सुरक्षा गार्ड तैनात होने लगे। परन्तु सुरक्षा एजेंसियों पर कोई सरकारी कण्ट्रोल न होने के कारण सुरक्षा गार्ड का कई तरह से शोषण इन सुरक्षा एजेंसियों द्वारा किया जाने लगा एवं इन्हें कई सुविधाओं से वंचित रहना पड़ा। जैसे कि स्वास्थ्य सेवाएँ, PF, बोनस इत्यादि।

शीघ्र ही केन्द्र सरकार का ध्यान इस तरफ गया और सन 2005 में सरकार ने सुरक्षा एजेंसियों को रेगुलेट करने के लिए एक विधेयक पास किया, जिसमें एजेंसियों को सुरक्षा सेवाएँ प्रदान करने के लिए लाइसेंस लेना तथा कई अन्य सुविधाएँ सुरक्षा गार्ड को प्रदान करना-कानून मान्य किया गया। इस तरह से संगठित सुरक्षा एजेंसियाँ वजूद में आने लगी एवं घास-फूस की तरह फल रहीं ज्यादातर सुरक्षा एजेंसी जो कि गार्ड का शोषण करती थीं, उन पर लगाम लगी तथा सुरक्षा व्यापार में गार्ड के हक पर सरकारी बाध्यता से इस क्षेत्र में बेहतर अवसर बने तथा सुरक्षा गार्ड को मिनिमम वेज्स (कम से कम वेतन) एक्ट के तहत भुगतान मिलना शुरू हो गया जो कि समय-समय पर

संशोधित किया जाता है। इसके साथ ही गार्ड को ESIC, PF, BONOUS इत्यादि का भुगतान भी एजेंसी के सुरक्षा गार्ड्स को किया जाने लगा। इस तरह आज सन् 2010 में सुरक्षा गार्ड्स का काम महत्त्वपूर्ण, नियमित एवं बेहतर हो गया है। इस पुस्तक में आगे के अध्यायों में आपको सुरक्षा गार्ड के काम के बारे में विस्तार से बताया जाएगा।

❑❑❑

अनुक्रम

अध्याय–1

सुरक्षा एजेंसियाँ

सर्वप्रथम सुरक्षा गार्ड के कार्य के लिए आपको सुरक्षा एजेंसियों के बारे में जानने की जरूरत है ताकि आप समझ सकें कि सुरक्षा का कार्य किस तरह से संगठित रूप से सुरक्षा एजेंसियों द्वारा किया जाता है। सुरक्षा एजेंसियाँ आपकी प्राथमिक कम्पनी होती है, जो कि आपको भर्ती करके अन्य व्यापारिक संस्थानों में ड्यूटी पर लगाती है एवं ये संस्थान आपकी द्वितीय कम्पनी होती हैं।

अत: सुरक्षा कम्पनी के बारे में जानने की आपकी सर्वप्रथम अहमियत है। देश के विभिन्न हिस्सों में अनगिनत सुरक्षा एजेंसियाँ कार्यरत हैं एवं इनको मैं तीन प्रकार की एजेंसी के रूप में बाँटता हूँ–

(1) बड़ी एवं पूरे भारत में व्यापार करने वाली सुरक्षा एजेंसियाँ

(2) मध्यम एवं क्षेत्रीय तथा राज्य में व्यापार करने वाली एजेंसियाँ

(3) छोटी एवं कम तथा सीमित इलाके में व्यापार करने वाली एजेंसियाँ

आप इनमें से किसी भी एजेंसी में कार्य कर सकते हैं, जो कि आपकी सुविधा के अनुसार या आपके घर के पास आपको ड्यूटी दे सकें। छोटी एजेंसियों में आपको शायद विस्तृत ट्रेनिंग न मिले एवं आपका वेतन भी वक्त पर न मिले, क्योंकि ये एजेंसियाँ ग्राहक कम्पनी से पैसा मिलने के बाद ही आपको वेतन दे पाएँगी एवं इसमें कभी-कभी पैसा मिलने में देर हो जाती है। परन्तु यदि ये आपके इलाके में ही आपको ड्यूटी दिला सकें तो बेहतर होगा। मध्यम एवं बड़ी कम्पनी में कार्य करने पर आपको कई तरह की सुविधाएँ एवं ट्रेनिंग भी दी जाएगी एवं पैसा भी बेहतर मिलेगा, परन्तु इसके लिए आपको

सुरक्षा गार्ड के कार्य के बारे में जानकारी एवं अच्छे व्यक्तित्व की जरूरत होगी जोकि आप इस पुस्तक से हासिल कर सकते हैं।

अब मैं आपको सुरक्षा एजेंसियों के कार्य एवं संगठन के बारे में विस्तार से जानकारी दूँगा।

सर्वप्रथम आपको सुरक्षा एजेंसी के संगठन/(आर्गेनाइजेशन) के बारे में जानना जरूरी है।

ज्यादातर कम्पनी या तो सेना के अधिकारियों द्वारा बनायी गयी है अथवा सीनियर सेना अधिकारी उनको चलाते हैं। प्रायः सुरक्षा एजेंसी का संगठन निम्नलिखित प्रकार से होता है–

(1) चेयरमैन/(मालिक)

(2) एम.डी/(मैनेजिंग डायरेक्टर)

(3) सी.ओ.ओ./(मुख्य कार्यकारी अधिकारी)

(4) रीजनल/(क्षेत्रीय-हेड)

(5) ब्रांच मैनेजर- (हर क्षेत्र का अलग-अलग)

(6) सहायक ब्रांच मैनेजर

(7) सुरक्षा अधिकारी- (खास एवं बड़े काण्ट्रेक्ट के लिए)

(8) फील्ड अधिकारी- फील्ड ऑफिसर- ट्रेनिंग अधिकारी

(9) सुरक्षा सुपरवाइजर

(10) हेड गार्ड्स

(11) गनमैन - P.S.O पर्सनल सुरक्षा अधिकारी/पिस्टल मैन

(12) लेडी गार्ड्स

(13) सुरक्षा गार्ड्स

सुरक्षा एजेंसियों का संगठन ऑफिस के आधार पर

1. **कारपोरेट ऑफिस**-यहाँ चेयरमैन/डायरेक्टर/मुख्य कार्यकारी अधिकारी एवं अन्य उच्चाधिकारी बैठते हैं। यहाँ से कम्पनी के ज्यादातर निर्णय लिये जाते हैं।

2. मुख्य/हेड ऑफिस–यहाँ पर सुरक्षा कम्पनी के मुख्य कार्यवाही अधिकारी बैठते हैं एवं संगठन का ज्यादातर सामान्य कार्य यहाँ पर विभिन्न डिपार्टमेण्ट में किया जाता है। कई कम्पनियों में ये दोनों ऑफिस साथ होते हैं एवं कई में नहीं।

3. क्षेत्रीय/राज्य स्तरीय आफिस–बड़ी सुरक्षा कम्पनी जिनका नेटवर्क पूरे भारत में फैला हुआ है, अपने कार्य को क्षेत्र अथवा राज्य के आधार पर बाँटते हैं एवं इस आफिस को रीजनल/क्षेत्रीय अधिकारी के द्वारा संचालित किया जाता है। इसके अन्तर्गत उस क्षेत्र के ब्रांच आफिस आते हैं।

4. ब्रांच आफिस–सुरक्षा कम्पनी का मुख्य काम ब्रांच आफिस के द्वारा किया जाता है जो कि एक खास इलाके में कम्पनी के कार्य को देखता है एवं इसे ब्रांच मैनेजर के द्वारा चलाया जाता है। यह कम्पनी का प्राथमिक प्राफिट सेण्टर होता है तथा सीधे क्लाइण्ट के सम्पर्क में होने के कारण यह कम्पनी का सबसे अहम आफिस होता है एवं सुरक्षा गार्ड का संचालन भी यहीं से होता है। सुरक्षा गार्ड से सम्बन्धित सभी कार्य जैसे- ड्यूटी पर लगाना, सुपरविजन, ट्रेनिंग, यूनिफार्म तथा सैलरी (वेतन) बाँटना आदि ब्रांच आफिस से ही होता है, सुरक्षा गार्ड का प्राथमिक एवं ज्यादातर सम्बन्ध एवं कार्य ब्रांच आफिस से ही पड़ता है। ब्रांच आफिस में ब्रांच मैनेजर के अलावा अकाउण्ट, यूनिफार्म, ट्रेनिंग, आफिस रिकार्ड्स, सेल एवं मार्केटिंग, आपरेशन मैनेजर, फील्ड आफिसर आदि होते हैं जो कि अपने दिये गये इलाके में कम्पनी का मुख्य कार्य देखते हैं। एक ब्रांच आफिस में लगभग 25 से 50 तक क्लाइण्ट हो सकते हैं। क्लाइण्ट की संख्या ज्यादा होने पर या तो एक सब-ब्रांच आफिस या नया ब्रांच आफिस खोल दिया जाता है। ब्रांच आफिस सुरक्षा गार्ड के लिए कम्पनी का प्रथम एवं सबसे अहम् दरवाजा है। इसलिए सुरक्षा गार्ड को सर्वप्रथम ब्रांच आफिस में काण्ट्रेक्ट (सम्पर्क) करना चाहिए। इसके लिए इस पुस्तक के अन्त में आपके लिए कई मुख्य कम्पनियों के बारे में जानकारी दी गयी है, जहाँ पहुँच कर आप सुरक्षा गार्ड की नौकरी हासिल कर सकते हैं।

सुरक्षा एजेंसी की कार्यप्रणाली

सुरक्षा एजेंसियों के संगठन के बारे में जानने के बाद आपको इसके फंक्शन अर्थात् कार्य करने के तरीके एवं विधि के बारे में जानकारी दी जाएगी। सुरक्षा एजेंसी में निम्नलिखित प्रकार के डिपार्टमेण्ट होते हैं, जो कि अलग-अलग कार्य करते हैं–

1. सेल्स एवं मार्केटिंग डिपार्टमेण्ट
2. आपरेशनल एवं कण्ट्रोल रूम
3. पर्सनल एवं ह्यूमन रिसोर्स डिपार्टमेण्ट
4. अकाउण्ट्स एवं फाइनेंस डिपार्टमेण्ट
5. स्टोर्स एवं यूनिफार्म डिपार्टमेण्ट
6. इनफार्मेशन टेक्नोलॉजी IT डिपार्टमेण्ट
7. डाक्यूमेण्ट्स एवं ट्रेनिंग डिपार्टमेण्ट
8. कोआर्डिनेटर्स एवं कण्ट्रोल रूम

आइए! इन विभागों के कार्य के बारे में थोड़ा विस्तार से अध्ययन करें।

1. सेल्स एवं मार्केटिंग विभाग–चूँकि सुरक्षा एक व्यापार है, इसलिए सुरक्षा एजेंसियों के लिए सबसे अहम् कार्य ज्यादा से ज्यादा बिजनेस लाना है एवं इसी आधार पर सुरक्षा कम्पनी के लिए प्राफिट (लाभ) बनाना सबसे अहम् कार्य है, परन्तु यह कार्य केवल एजेंसी के लिए ही अहम् नहीं है अपितु सुरक्षा गार्ड के लिए भी यह उतना ही अहम् है, क्योंकि इससे सीधा आपका कार्य जुड़ा है। जाहिर तौर पर सुरक्षा एजेंसी का बेसिक प्राडक्ट यानि मुख्य व्यक्ति सुरक्षा गार्ड है, जो कि कम्पनी की सुरक्षा ड्यूटी पर सिर्फ अपने लिए ही पैसे नहीं कमाता अपितु कम्पनी के लिए प्राफिट (लाभ) भी बनाता है।

इसलिए ज्यादातर कम्पनियों में अलग विभाग एवं व्यक्ति सेल्स एवं मार्केटिंग का कार्य करते हैं। इस विभाग का अलग हेड होता है जो कि टाप मैनेजमेण्ट को रिपोर्ट करता है एवं इसके नीचे अनेक सेल्स मैनेजर, सेल्समैन एवं मार्केटिंग की जानकारी एवं शिक्षा रखने वाले लोग होते हैं। इस विभाग को एक सेल्स हेड, नेशनल लेवल पर कोआर्डिनेट करता है तथा यह

क्षेत्रीय तथा ब्रांच आफिस के साथ अपने सेल्स मैनेजर एवं सेल्स मैन को अटैच (जोड़ता) एवं सपोर्ट (सहयोग) करता है। इस विभाग का मुख्य कार्य मार्केट में कम्पनी की हिस्सेदारी बढ़ाना, मार्केट की रिसर्च एवं एनालिसिस (विश्लेषण) करके अधिकतम ग्राहकों तक पहुँच बनाना, उनसे काण्टैक्ट (सम्पर्क) करना एवं अपनी सुरक्षा कम्पनी के लिए मार्केट में अधिकतम काण्ट्रैक्ट हासिल करना है।

मार्केटिंग एवं आपरेशनल विभाग मिलजुल कर कार्य करते हैं, जहाँ पर कि मार्केटिंग विभाग का कार्य नये काण्ट्रैक्ट हासिल करना है, वहीं आपरेशंस का कार्य इस काण्ट्रैक्ट को लागू तथा संचालित करना है। इन दोनों विभागों का समन्वय इसलिए भी जरूरी है ताकि नये काण्ट्रैक्ट को उचित कीमत पर हासिल किया जा सके, जिससे कि कम्पनी को प्राफिट (लाभ) भी मिले एवं आपरेशंस में परेशानी भी न हो तथा सुरक्षा गार्ड को भी उचित पैसा हासिल हो सके।

सुरक्षा गार्ड की जानकारी के लिए यह जरूरी है कि वह जाने कि मार्केटिंग विभाग किस तरह से क्लाइण्ट कम्पनी को अपने रेट्स का ब्रेकअप बनाता है। साधारणतः इसमें सुरक्षा गार्ड्स की कीमत बेसिक **मिनिमम वेजेस** एवं ओवर टाइम 4 घण्टे का मिलाकर लगायी जाती है, जिससे गार्ड को 12 घण्टे की ड्यूटी हासिल कराने की कोशिश की जाती है, ताकि सुरक्षा गार्ड को ज्यादा पैसा मिल सके। इसके अलावा PF अर्थात् प्राविडेण्ट फण्ड, बोनस, ग्रेच्यूटी ESIC यानि इंश्योरेंस को अलग से जोड़ा जाता है। इसके बाद यूनिफार्म, सर्विस टैक्स तथा सर्विस चार्जेस जो कि कम्पनी के लिए होते हैं, जोड़े जाते हैं। इस प्रकार एवं तरीके से एक खास अमाउण्ट हासिल होता है। अतः सुरक्षा गार्ड को यह जानने की जरूरत है कि उसकी कीमत कम्पनी ने क्या वसूल की है एवं उसे कितना पैसा दिया जा रहा है। यह जागरूकता गार्ड का शोषण होने से रोकती है अन्यथा गार्ड्स को कई तरह की परेशानियाँ उठानी पड़ सकती हैं।

आपरेशन एवं कण्ट्रोल रूम—सुरक्षा एजेंसी का दूसरा सबसे अहम विभाग है—आपरेशंस एवं कण्ट्रोल रूम। इसमें सुरक्षा गार्ड का सबसे अहम रोल है। किसी कम्पनी की सुरक्षा का काण्ट्रैक्ट लेने के बाद उसे चलाना मुख्य रूप से सुरक्षा गार्ड ही करते हैं। जाहिर-सी बात है कि सुरक्षा गार्ड का

डिप्लायमेण्ट, सुपरविजन, कण्ट्रोल एवं अन्य रूटीन कार्य ब्रांच में होता है। परन्तु बड़ी सुरक्षा कम्पनियों में जो कि पूरे देश में कार्य करती हैं, एक अलग कण्ट्रोल रूम हेड आफिस या कारपोरेट आफिस में होता है जो कि सभी ब्रांच आफिस को कोआर्डिनेट एवं कण्ट्रोल करता है। इसे आपरेशंस विभाग से जाना जाता है। यह सभी क्लाइण्ट एवं ब्रांच को संचालित एवं डायरेक्ट करता है। इसी विभाग के तहत एवं फायनेंस विभाग के साथ मिलकर कम्पनी मुख्य एवं बड़े क्लाइण्ट्स को अकाउण्ट्स की तरह चलाती है। आपरेशंस विभाग में इनके लिए अलग-अलग कर्मचारी होते हैं, जोकि मुख्य कम्पनी से हमेशा सम्पर्क में रहते हैं तथा क्लाइण्ट सर्विसिंग का कार्य अन्य विभागों के साथ मिलकर करते हैं ताकि इन्हें बेहतर सर्विस दी जा सके।

आइए थोड़ा विस्तार से ब्रांच आपरेशंस एवं हेड आफिस के आपरेशन विभाग के कार्य को समझें।

ब्रांच आफिस के अन्तर्गत निम्नलिखित कार्य प्राथमिक रूप से कियेजातेहैं।

1. पुराने काण्ट्रेक्ट में सुरक्षा गार्ड को डिप्लाय (काम में लगाना) करना तथा उनकी ड्यूटी लगाना

2. ब्रांच के सभी क्लाइण्ट में सुपरवाइजर एवं गार्ड्स को कण्ट्रोल करना।

3. ब्रांच के फील्ड आफिसर को नियमित रूप से कम्पनी में भेजना एवं हर फील्ड आफिसर को इलाके (क्षेत्र) एवं काण्ट्रेक्टस की जिम्मेदारी देना तथा रूटीन एवं सामान्य कार्यों को सही रूप से करवाना।

4. ब्रांच के ट्रेनिंग आफिसर को सभी यूनिट्स में ट्रेनिंग के लिए भेजना।

5. ब्रांच मैनेजर अपनी ब्रांच के अन्तर्गत सभी कम्पनी के साथ लाइजन सम्पर्क रखता है एवं समय-समय पर कम्पनी को विजिट करके कम्पनी के अधिकारियों के साथ आपरेशंस से सम्बन्धित सभी बातों को निपटाता है।

6. ब्रांच का एक कर्मचारी गार्ड्स के यूनिफार्म आदि का हिसाब रखताहै।

7. ब्रांच में एक कर्मचारी नये गार्ड्स की भरती से सम्बन्धित सभी कार्य करता है, जिसमें कि फार्म भरना, यूनिफार्म देना, डाक्यूमेण्ट्स लेना एवं सुरक्षा गार्ड से सम्बन्धित फाइल बनाना आदि हैं।

8. सुपरवाइजर्स एवं फील्ड आफीसर कम्पनी में शिफ्ट (पाली) की बदली करवाते हैं एवं हर गार्ड की हाजिरी लेकर उसकी ड्यूटी पर लगाते हैं। इस तरह महीने के अन्त में हर गार्ड की सभी कम्पनी में लगी हाजिरी को मास्टर रोल में भरते हैं तथा उन पर कम्पनी के सुपरवाइजर एवं फील्ड आफीसर के साइन होने के बाद इसे कम्पनी के अधिकारी को दिया जाता है, जो इन हाजिरी को चैक करने के बाद हस्ताक्षर कर देते हैं। इस प्रकार यह मास्टर रोल ब्रांच के अन्तर्गत प्रत्येक कम्पनी से वैरीफाई (प्रमाणित) होकर ब्रांच में आता है, जिसे कि ब्रांच मैनेजर चैक करके अपने हस्ताक्षर करने के बाद मुख्य कण्ट्रोल रूम/आपरेशन विभाग में भेज देता है। इसी आधार पर अकाउण्ट्स विभाग सुरक्षा गार्ड को उनकी हाजिरी एवं ओवर टाइम आदि के आधार पर कम्पनी के लिए बिल बनाता है तथा इसे वापस ब्रांच में भेज दिया जाता है। ब्रांच की तरफ से यह बिल क्लाइण्ट को भेज दिया जाता है एवं कम्पनी का अकाउण्ट्स विभाग इसे चैक करने के बाद अपनी कम्पनी में सुरक्षा गार्ड्स की हाजिरी के हिसाब से चैक ब्रांच में भेज देता है, जिसे कि ब्रांच पुनः हेड आफिस भेज देती है और अकाउण्ट्स विभाग इस चैक को कैश करा कर, यह पैसा गार्ड्स के मास्टर रोल के हिसाब से सैलरी शीट बना कर वापस ब्रांच आफिस में भेजता है एवं ब्रांच से मैनेजर अथवा फील्ड आफीसर इस सैलरी शीट के साथ जाकर सभी सुरक्षा गार्ड्स को सैलरी बाँट देते हैं एवं गार्ड के साइन लेने के बाद यह शीट वापस पूरा हिसाब होने के बाद हेड आफिस को भेज दी जाती है।

ज्यादातर सुरक्षा कम्पनी में यह कार्य महीने की 25 से 25 तारीख के आधार पर किया जाता है एवं सभी कागजी कार्यवाही 10 दिन में निपटाकर सुरक्षा गार्ड को भुगतान महीने की हर 7 तरीख को कर देते हैं, परन्तु कई कम्पनियों में यह पेमेण्ट 7 तारीख से शुरू होकर 15 या 20 तारीख तक चलता रहता है, क्योंकि शिफ्ट ड्यूटी होने के कारण कई गार्ड्स समय पर सैलरी नहीं ले पाते हैं एवं कई गार्ड्स छुट्टी आदि पर होने के कारण भी सैलरी नहीं ले पाते हैं। इसलिए यह वापस बची अनपेड सैलरी दुबारा महीने की 20 से 25 तारीख को ब्रांच में बाँटी जाती है।

9. इसके अलावा ब्रांच आफिस से रोज आपरेशंस से सम्बन्धित रिपोर्ट हेड आफिस भेजी जाती है तथा एमआईएस अर्थात् मासिक रिपोर्ट भी हेड आफिस भेजी जाती है, जिसमें ब्रांच से सम्बन्धित सभी जानकारियाँ होती हैं।

10. केवल पूराने काण्ट्रेक्ट सही तरह से चलाना ही ब्रांच की जिम्मेदारी नहीं होती, मार्केटिंग विभाग के साथ मिलकर ब्रांच के इलाके में हासिल हुए नये काण्ट्रेक्ट को चलाना भी ब्रांच से होता है एवं इसके लिए नये सुरक्षा गार्ड्स की भरती करना, उनका डाक्यूमेण्टेशन करना, ट्रेनिंग देना, ड्यूटी पर लगाना तथा नये काण्ट्रेक्ट का पूरा सुपरविजन करना भी ब्रांच का काम है। हर ब्रांच की काबिलियत उसके द्वारा हासिल किये गये नये बिजनेस से भी आँकी जाती है।

ब्रांच से सम्बन्धित कार्यो को जानने के बाद अब आइए! समझते हैं कि हेड आफिस में आपरेशंस विभाग किस तरह कार्य करता है–

ज्यादातर बड़ी सुरक्षा कम्पनी देश के विभिन्न भागों में ब्रांच आफिस के अन्तर्गत–लगभग हर राज्य एवं पूरे देश में कार्य करती है। जिस तरह हमने देखा कि ब्रांच आफिस किस तरह कार्य करता है, उसी तरह कम्पनी के मुख्य आपरेशन विभाग के कार्य को समझते हैं।

मुख्य आपरेशन के कार्य

1. आपरेशंस विभाग का मुख्य कार्य सभी ब्रांच आफिस को सुपरवाइज एवं डायरेक्ट कण्ट्रोल करना होता है एवं यह विभाग किसी बड़े आर्मी अथवा सिविलियन अधिकारी द्वारा संचालित किया जाता है।

2. यहाँ समझना जरूरी है कि सुरक्षा कम्पनी का विभाजन तीन मुख्य तरह से किया जा सकता है। **प्रथम** सुरक्षा गार्ड जो कि कम्पनी की कमाई का मुख्य जरिया है एवं यह स्वयं अपने लिए ही नहीं, अपितु कम्पनी के लिए भी पैसा कमाता है तथा प्राफिट बनाता है। **द्वितीय**– सहायक/सपोर्ट विभाग। यह सुरक्षा कम्पनी के वह कर्मचारी होते हैं जो कि सुरक्षा गार्ड की तरह कम्पनी के लिए पैसा नही कमाते, अपितु जिन्हें सुरक्षा कम्पनी ही पैसा देती है एवं यह पैसा सुरक्षा गार्ड की मेहनत का ही होता है। परन्तु यह समझना भी उतना ही जरूरी है जितना कि इस सपोर्ट विभाग का कार्य। यह विभाग सुरक्षा के व्यापार को संगठित रूप से चलाने के लिए जिम्मेदार है एवं इसकी अहमियत इसलिए कभी कम नहीं होती कि ये कम्पनी के लिए पैसा नहीं कमाते, परन्तु कम्पनी के संचालन के लिए कार्य करते हैं। क्योंकि बिना संगठन एवं कुशल

संचालन के यह काम चल ही नहीं सकता। हालांकि सपोर्ट कर्मचारियों को अन्य कम्पनियों के मुकाबले में ज्यादा वेतन नहीं मिलता एवं इसी वजह से कई काबिल लोग सुरक्षा कम्पनी में काम करना पसन्द नहीं करते, परन्तु ज्यादातर यूनिफार्मड अधिकारी अवकाश प्राप्त करने के बाद यह काम करना पसन्द करते हैं, क्योंकि उन्हें पेंशन भी मिलती है एवं वह अपने सर्विस के अनुभव का उपयोग भी सुरक्षा एजेंसी के संचालन में अच्छी तरह कर पाते हैं।

तीसरा अहम रोल, सुरक्षा कम्पनी के मालिक अथवा चेयरमैन एवं बोर्ड आफ डायरेक्टरस् का है। कम्पनी को बनाने, चलाने एवं बढ़ाने का मुख्य कार्य इन्हीं के द्वारा किया जाता है एवं सुरक्षा गार्ड से कमाई का एक बड़ा भाग एवं कम्पनी का प्राफिट इन्हें जाता है। परन्तु यह समझना गलत होगा कि यह पैसा मालिक रख लेते हैं। ज्यादातर कम्पनियाँ छोटे तौर पर शुरू की जाती हैं एवं बोर्ड/मालिक की काबिलियत मेहनत एवं सुरक्षा गार्ड से कमाये गये मुनाफे को हमेशा ये कम्पनी को बढ़ाने के लिए करते हैं। इस तरह सुरक्षा कम्पनियाँ केवल गार्ड्स का काम ही नहीं करती अपितु कई अन्य सुरक्षा से सम्बन्धित कार्य किये जाते हैं, जिनका विवरण आगे दिया जाएगा।

इस तरह सुरक्षा गार्ड से कमाया गया पैसा वापस सुरक्षा गार्ड को ही मिलता है, क्यूँकि कम्पनी के बढ़ने पर सुरक्षा गार्ड को नौकरी मिलती है एवं कम्पनी इसी तरह आगे बढ़ती रहती है।

इस विषय को यहाँ उठाना मैंने इसलिए जरूरी समझा ताकि एक सुरक्षा गार्ड की तरह आप समझ सकें कि आपकी मेहनत का पैसा कोई ले नहीं जाता वरन् लौट कर आपको ही हासिल होता है। ज्यादातर सुरक्षा गार्ड बिना इस बात को समझे वहम रखते हैं कि मेहनत वो करें एवं पैसा कोई और बनाये, इस तरह अपने दिल में एक मलाल रखते हैं जो कि बिलकुल भी उचित नहीं है।

3. इस तरह कम्पनी का आपरेशन विभाग सभी ब्रांच आफिस को कण्ट्रोल एवं कोआर्डिनेट करता है, जिसमें कि गार्ड्स का डिप्लायमेण्ट, सैलेरी, ट्रेनिंग, ट्राँसफर, लीव, रिपोर्ट, प्रमोशन एवं आकलन आदि किया जाता है।

4. ज्यादातर बड़े शहरों में 3-4 ब्रांच आफिस होते हैं। वहाँ पर आपरेशंस विभाग में 24 घण्टे का एक कण्ट्रोल रूम होता है जो कि आपातस्थिति के

लिए तैयार रहता है एवं यहाँ पर क्विक रिएक्शन टीम, ट्रांसपोर्ट, ऐम्बुलेंस आदि रहती है जो कि किसी भी इमरजेंसी में तुरन्त कार्यवाही करती है।

5. आपरेशन विभाग सभी ब्रांचों से डेली (प्रतिदिन) रिपोर्ट हासिल कर के उन्हें संगठित करने के बाद डायरेक्टर एवं चेयरमैन को देता है एवं उनके दिये गये निर्देशों को ब्रांच तक पहुँचाता है तथा मार्केटिंग विभाग से मिलकर नये हासिल काण्ट्रेक्ट को ब्रांच से मिलकर आपरेशनलाइन करता है। इसके अलावा गार्डस् की परेशानी एवं दिक्कतों को दूर करता है, ब्रांच मैनेजर तथा फील्ड आफिसर को डायरेक्ट करता है एवं मुख्य तौर पर क्लाइण्ट से मिलाप (सम्पर्क) रख कर उनकी जरूरतों अथवा शिकायतों पर तुरन्त कार्यवाही करता है ताकि उन्हें अच्छी से अच्छी सेवाएँ प्रदान कर सके।

अकाउण्ट्स एवं फाइनेंस विभाग

सुरक्षा एजेंसी का तीसरा सबसे महत्वपूर्ण विभाग है– फाइनेंस एवं अकाउण्ट्स। यह विभाग पूरी एजेंसी के पैसे का लेखा–जोखा रखता है। साधारणत: यह विभाग कई एकाउण्टेण्टस एवं फाइनेंशियल हेड द्वारा संचालित किया जाता है। यह विभाग एजेंसी की कमाई, खर्चे एवं मुनाफे की जानकारी बोर्ड को देता है, जिसके आधार पर बोर्ड एजेंसी के विस्तार एवं अन्य कई अहम् विषयों पर उचित फैसला लेता है। कम्पनी के प्राफिट के अलावा यह विभाग कम्पनी के लिए अन्य मदों से पैसे के इन्तजाम में भी मदद करता है एवं अन्य कम्पनियों से साझेदारी अथवा खरीद में भी उचित फाइनेंशियल सलाह देता है।

आइए! इस विभाग के कार्यों पर एक नजर डालें–

1. यह विभाग सर्वप्रथम– ब्रांचों से आये मास्टररोल के आधार पर सब गार्डों की सैलेरी शीट बनाता है।

2. सैलरी शीट के आधार पर कम्पनियों के लिए बिल बनाता है।

3. गार्ड्स की सैलरी में से वैधानिक/कानूनी एवं अन्य डिडक्शन करता है।

4. हर क्लाइण्ट के आधार पर अकाउण्ट्स कर्मचारी रखता है।

5. क्लाइण्ट्स से प्राप्त पैसे का हिसाब रखता है।

6. ठीक समय पर गार्डो की सैलरी बनाकर रिलीज करता है।

7. ब्रांच के सपोर्ट स्टाफ की सैलरी भी बना कर रिलीज करता है।

8. गार्ड्स के किये गये डिडक्शन/एडवांस/रिफण्ड आदि देखता है।

9. छोड़ के जाने वाले गार्ड्स का फुल एवं फाइनल हिसाब तैयार करता है।

10. गार्ड्स के प्राविडेण्ट फण्ड/इंश्योरेंस/बोनस/ग्रेच्यूटी/टैक्स का हिसाब करता है।

11. ब्रांचों के लिए पैटी कैश/एडवांस आदि रिलीज करता है एवं हिसाब रखता है।

12. हर क्लाइण्ट की अलग अकाउण्ट बुक रखता है।

13. पूरी कम्पनी के लेनदेन एवं प्राफिट का हिसाब रखता है।

14. सभी फाइनेंशियल कानून का पालन करता है एवं आडिट कराता है।

15. कम्पनी के सभी टैक्स मामले देखता है।

16. कम्पनी के लिए धन उपलब्ध कराता है।

17. यदि कम्पनी लिमिटेड है, तो बोर्ड के सामने कम्पनी का पूरा फाइनेंशियल डाटा रखता है।

18. कम्पनी के सभी कैपिटल खर्चो को धन उपलब्ध कराता है।

19. कम्पनी का त्रैमासिक/छमाही/सालाना एवं महीने का बजट बनाकर बोर्ड से अप्रूभ (स्वीकृत) कराता है।

20. कम्पनी के खर्चो पर नियन्त्रण रखता है एवं फाइनेंशियल पालिसी बना कर बोर्ड से अप्रूभ कराता है।

21. कम्पनी की लेनदारी के लिए उचित एवं जरूरी हो तो कानूनी कदम उठाता है।

22. कम्पनी के इन्वेस्टमेण्ट्स एवं ऐसेट्स का हिसाब एवं ख्याल रखता है।

23. यदि कम्पनी घाटे में जा रही हो तो उचित आर्थिक सलाह बोर्ड को देता है एवं कम्पनी के लिए धन की व्यवस्था करता है।

24. यदि कम्पनी प्राफिट में हो तो, इस धन को उचित जगह इन्वेस्टमेण्ट करने की रिसर्च कर के बोर्ड को सलाह देता है।

25. नये बेहतर एवं जरूरी कम्प्यूटर साफ्टवेयर फाइनेंशियल पेरौल, अकाउण्ट इत्यादि के लिए हासिल करता है, जिससे कि अकाउण्टिंग की मेहनती व्यवस्था बिना गलती के ही जा सके एवं उचित रिकार्ड्स रखे जा सकें।

इन सब कार्यों के अलावा अकाउण्ट्स एवं फायनेंस विभाग अन्य विभागों से पूरा समन्वय रखता है तथा नये एवं पुराने क्लाइण्ट्स को 'आफ द रिकार्ड' मदद भी करता है। इसके अलावा यह कम्पनी के आडिटेड यानी सफेद एवं अन-आडिटेड यानि काले पैसे का हिसाब भी रखता है। हालाँकि यह गैर-कानूनी है, परन्तु लगभग हर सुरक्षा कम्पनी में यह प्रैक्टिस होती ही है। इसलिए कम्पनी के मालिकों का सबसे प्रिय एवं अहम विभाग यही है।

ह्यूमन रिसोर्स एवं पर्सनल विभाग

सुरक्षा एजेंसी का अगला अहम् विभाग मानव संसाधन एवं पर्सनल विभाग है। जैसा कि नाम से जाहिर है कि यह विभाग मानव संसाधन यानि सुरक्षा एजेंसी के कर्मचारियों के हित में कार्य करता है एवं उनका पूरा रिकार्ड रखता है।

मानव संसाधन विभाग के कार्य निम्नलिखित हैं–

1. इस विभाग का सर्वप्रथम कार्य कर्मचारियों की भर्ती करने का है। हालाँकि यह विभाग हेड/कारपोरेट आफिस में होता है एवं ज्यादातर गार्ड की भर्ती ब्रांच आफिस करता है, पर यह विभाग कम्पनी के हर कर्मचारी का रिकार्ड रखता है।

2. सुरक्षा गार्ड के लिए यह जानना जरूरी है कि अधिकांश कम्पनियाँ गार्ड की भर्ती के समय उनके ओरिजनल डाक्यूमेण्ट्स, खास तौर पर उनकी इण्टर की मार्कशीट की ओरिजनल कापी कम्पनी में जमा करने को कहती है। इसकी वजह यह है कि गार्ड कहीं यूनिफार्म लेकर अथवा कोई गलती

या चोरी कर के भाग न जाये, उस हालात में आपकी ओरिजनल मार्कशीट जब्त हो जाएगी एवं इसके अभाव में आपको कहीं भी नौकरी नहीं मिलेगी। हालाँकि किसी के रेफरेंस से या ऐफिडेविड देने पर भी आपकी भर्ती हो सकती है। इसका दूसरा कारण यह है कि सरकारी कानून के तहत 18 वर्ष से कम उम्र के व्यक्ति से काम कराना अपराध है एवं आपकी मार्कशीट से यह साबित होता है कि आप 18 वर्ष पूर्ण कर चुके हैं।

3. इसके बाद मानव संसाधन विभाग सुरक्षा गार्ड की भरती का एक विस्तृत फार्म भरवाती है, जिसमें गार्ड की पूरी जानकारी एवं फोटो लगाया जाता है। कुछ कम्पनियाँ भर्ती के लिए कुछ पैसे भी वसूलती हैं। परन्तु प्राय: ये कम्पनियाँ गार्ड से यूनिफार्म फीस जो कि लगभग 1000/- रु. के आस पास होती है माँगती हैं। हालाँकि यह रकम उनके ड्यूटी पर जाने के बाद किश्तों में सैलरी से वसूल भी की जाती है। यदि गार्ड के पास पहले देने के लिए 1000/- रु. न हो तो।

4. इसके अलावा कई अन्य तरह के डाक्यूमेण्टेशन भी गार्ड के कराये जाते हैं, जिसमें मुख्य ESIC अर्थात् इंश्योरेंस कार्ड का फार्म होता है। मेरी सर्वप्रथम सलाह सभी सुरक्षा गार्ड्स के लिए यह है कि वे अपना ESIC कार्ड अवश्य बनवायें, क्योंकि आड़े वक्त यह कार्ड आपके बहुत काम आएगा। कई सारी कम्पनियाँ सुरक्षा गार्ड से पैसे तो ले लेती है एवं कम्पनी से भी, परन्तु उन्हें ESIC में जमा नहीं करती। अत: गार्ड का ESIC कार्ड नहीं बनता। इसलिए हर सुरक्षा गार्ड के लिए जरूरी है कि वह अपना ESIC कार्ड जोर दे कर अवश्य बनवायें।

5. कई कम्पनियाँ गार्डस् को कैश में सैलरी देती हैं, परन्तु कई मुख्य एजेंसी अपने गार्डस् को बैंक के जरिये सैलरी देती हैं एवं इसके लिए आपको ATM कार्ड बनवा कर देती हैं, जिससे कि पूरा रिकार्ड रखा जा सके एवं सैलरी में कोई घपला न हो सके।

6. मानव संसाधन विभाग गार्ड का पूरा रिकार्ड रखता है एवं हर साल आपके काम का आकलन किया जाता है। इसी के आधार पर आपको प्रमोशन एवं सैलरी में बढ़ोतरी दी जाती है।

7. इसके अलावा मानव संसाधन विभाग-सपोर्ट स्टाफ अर्थात् ब्रांच के

कर्मचारी फील्ड आफीसर एवं हेड आफिस तथा कारपोरेट के सभी बड़े छोटे अधिकारियों के काम का आकलन करती है एवं उनका पूरा रिकार्ड रखती है।

8. मानव संसाधन विभाग की तरफ से हर कर्मचारी को उनका आइडेण्टिटी कार्ड बनवा कर दिया जाता है। हर सुरक्षा गार्ड को यह सुनिश्चित करना चाहिए कि उसके पास कम्पनी का आई-कार्ड हो, यह आपके काम हमेशा आएगा।

इस तरह मानव संसाधन विभाग कम्पनी के हर कर्मचारी की भर्ती, कार्य के आकलन, प्रमोशन, ट्रांसफर, रिन्यूवल इत्यादि का कार्य करता है एवं हर कर्मचारी का पूरा रिकार्ड रखता है।

इनफारमेशन टेक्नोलॉजी विभाग

हमारे ग्रामीण एवं कम शिक्षित भाइयों को शायद यह जानकारी पूरी तरह न हो कि विज्ञान ने कितनी प्रगति कर ली है। आपने कम्प्यूटर अवश्य देखा या सुना होगा। यह विभाग सुरक्षा एजेंसियों में कम्प्यूटर के बारे में कार्य करता है। बड़ी सुरक्षा एजेंसियों में कई हजार से ज्यादा भी लोग काम करते होते हैं एवं इतने सारे लोगों के सारे रिकार्ड रखना शायद कम्प्यूटर की मदद के बिना हो पाना मुश्किल होता, परन्तु यह विभाग सभी लोगों के सारे रिकार्ड भी रखता है, उन्हें ठीक एवं अपडेट भी करता रहता है एवं सबसे प्रमुख देश के विभिन्न हिस्सों में कार्य कर रहे ब्रांच आफिस को सीधे हेड/कारपोरेट आफिस से कनेक्ट भी करता है। आपने ई-मेल अवश्य सुना होगा। इस ई-मेल के जरिये पूरी कम्पनी के समस्त अधिकारी, कम्प्यूटर पर एक दूसरे के सम्पर्क में रहते हैं एवं हर तरह की रिपोर्ट तथा आँकड़े आसानी से भेज या ले सकते हैं। आई.टी विभाग यही कार्य करता है। कम्पनी के लिए कम्प्यूटर नेटवर्क बनाता है एवं उसकी सुरक्षा तथा देखरेख भी करता है। इसके अलावा आपरेशन, अकाउण्ट्स, सेल्स, मानव संसाधन, ट्रेनिंग एवं स्टोर विभागों के लिए कई तरह के बेहतरीन साफ्टवेयर भी चलाता है, जिससे कि इन विशाल सुरक्षा कम्पनियों के कई तरह के डाटा एवं रिकार्ड कम्प्यूटर की मदद से स्टोर एवं अपडेट किये जाते हैं।

यह कार्य कम्प्यूटर में शिक्षित लोग करते हैं एवं कम संख्या में होने के बावजूद कम्प्यूटर बड़ी सुरक्षा कम्पनी की रीढ़ की तरह महत्वपूर्ण

होते हैं तथा शरीर की नसों की तरह पूरे सिस्टम के काम को संचालित करते हैं।

स्टोर्स एवं यूनिफार्म विभाग

यूनीफार्म सुरक्षा गार्ड की एक पहचान है एवं अलग-अलग तरह की यूनिफार्म विशिष्ट सुरक्षा एजेंसी की पहचान है। इसी तरह सुरक्षा एजेंसी में स्टोर्स एवं यूनिफार्म विभाग अलग होता है, जो कि गार्डस् को यूनिफार्म सीधे या फिर ब्रांच आफिस के द्वारा मुहैया कराता है। स्टोर्स में गार्ड की यूनिफार्म जैसे कि शर्ट, पैण्ट, जूते, बेल्ट, कैप, रैंक, जर्सी इत्यादि रखी जाती है एवं इन्हें समय-समय पर गार्ड्स को दिया जाता है। हर कम्पनी की अलग पालिसी होती है, परन्तु ज्यादातर हर गार्ड को 2 यूनिफार्म दी जाती है। स्टोर्स विभाग इसका पूरा लेखा-जोखा रखता है एवं इसके अलावा स्टोर में स्टेशनरी, सेरीयोनियल यूनिफार्म, ट्रेनिंग का सामान एवं अन्य कई चीजों को रखा जाता है।

स्टोरमैन के पास कम्प्यूटर में स्टोर्स में रखे सामान के एवं उसके लेन-देन के पूरे आँकड़े एवं रिकार्ड्स होते हैं, जिन्हें वह हमेशा अपडेट करता रहता है। इसके अलावा स्टोर में यूनिफार्म की अचानक डिमाण्ड किसी इंवेण्ट की वजह से भी पूरी की जाती है। स्टोरमैन का सीधा सम्बन्ध यूनिफार्म बनाने वाले व्यापारियों से रहता है एवं वह इसकी डिमाण्ड एवं सप्लाई में सन्तुलन रखता है।

यूनिफार्म एवं स्टोर्स विभाग हर सुरक्षा कम्पनी का एक अहम विभाग होता है एवं इसको 3-4 कर्मचारी चलाते हैं। स्टोर्स विभाग सीधे मुख्य कार्यकारी अधिकारी को रिपोर्ट करता है एवं सभी गार्ड तक फील्ड में अच्छी यूनिफार्म पहुँचाने के लिए मुख्य बिन्दु होता है।

ट्रेनिंग विभाग

अन्तिम परन्तु बेहद महत्वूपर्ण विभाग कम्पनी का ट्रेनिंग विभाग होता है। किसी कम्पनी की सफलता या असफलता का सीधा सम्बन्ध उसके सुरक्षा गार्डो को दी जाने वाली ट्रेनिंग से होता है। बिना ट्रेनिंग के एक सुरक्षा गार्ड केवल गेट पर खड़े एक सजे-धजे पुतले की तरह होता है, जो कि शायद

देखने में अच्छा लगे परन्तु उसे करना क्या है, इसकी जानकारी ट्रेनिंग से ही आती है। सुरक्षा एजेंसी विधेयक-2005 द्वारा सरकार ने सभी एजेंसियों को अपने गार्ड्स को ट्रेनिंग देने का प्रावधान रखा है एवं सभी बड़ी एवं अच्छी एजेंसियाँ अपने गार्ड को कई तरह की ट्रेनिंग देती हैं।

इस पुस्तक में आपको सुरक्षा गार्ड को दी जाने वाली ट्रेनिंग के बारे में विस्तार से आगे के अध्यायों में बताया जाएगा एवं इस पुस्तक को पढ़ने के बाद आपको बहुत जानकारी हासिल होगी जो कि अच्छी सुरक्षा एजेंसियों द्वारा दी जाने वाली ट्रेनिंग से भी बेहतर होगी। परन्तु यहाँ पर मैं आपको सुरक्षा एजेंसियों में दी जाने वाली ट्रेनिंग की कुछ जानकारी देना चाहूँगा। हालाँकि आपको यह जान कर दु:ख होगा कि अच्छी से अच्छी सुरक्षा एजेंसियाँ भी ट्रेनिंग के नाम पर केवल खानापूर्ति करती हैं एवं गार्ड से ड्यूटी ज्यादा कराने में इच्छुक रहती हैं। कई कम्पनियों के अपने ट्रेनिंग सेंटर है, जहाँ पर वह आपको कुछ ही वक्त में ट्रेनिंग नाम की भरपाई कराने के बाद सीधे ड्यूटी पर चढ़ा देगीं, क्योंकि गार्ड को तनख्वाह देते हुए ट्रेनिंग कराने पर उनकी मुनाफा कमाने की रग दुखने लगती है एवं इसका खामियाजा गार्ड को उठाना पड़ता है। वह ड्यूटी पर जाने के बाद स्वयं को अजनबी एवं खोया हुआ महसूस करता है, क्योंकि वह जानता ही नहीं कि उसे करना क्या है एवं उसकी जिम्मेदारी क्या है। गलती होने पर कम्पनी गार्ड पर फाइन लगाने में कभी देर नहीं करती। इस प्रकार गार्ड को ट्रेनिंग देने के बारे में लगभग सभी सुरक्षा कम्पनियाँ ऐसा ही रवैया अपनाती है। इसलिए यह पुस्तक आपके लिए बहुत उपयोगी साबित होगी।

अभी तक आपने सुरक्षा एजेंसी के संगठन एवं कार्मिक विभागों के बारे में जाना। हालाँकि यह काफी नहीं है, परन्तु अधिकतर छोटी सुरक्षा एजेंसी मुख्य रूप से गार्डिंग का कार्य ही देखती हैं। बड़ी एवं पूरे देश में विस्तृत व्यापार करने वाली कम्पनी सुरक्षा गार्ड के अलावा निम्नलिखित अन्य प्रकार की सेवाएँ भी प्रदान करती हैं। आइए! इन सेवाओं पर एक नजर डालें–

1. हाउस कीपिंग– यानि की व्यापारिक कम्पनियों के आफिस, फैक्ट्री आदि की साफ-सफाई एवं रख-रखाव। ज्यादातर बड़ी एजेंसी का यह एक अन्य मुख्य कार्य है। हालाँकि यह साधारण कार्य लगता है, परन्तु इसके लिए

भी आपको सफाई के मशीनों/सामान एवं विधि के बारे में जानकारी होना जरूरी है। आपको मैट्रिक होना भी जरूरी नहीं है। यदि आप सुरक्षा गार्ड के कार्य को अच्छी हाइट, हेल्थ या पर्सनालिटी के कारण हासिल न कर पाये, तो भी आप इस विभाग में कार्य कर सकते हैं। इस विभाग में आपको कम्पनी के फर्श, दीवारें, खिड़कियाँ, फर्नीचर, बाथरूम, आफिस आदि की सफाई का कार्य करना होगा, जो मुश्किल नहीं है।

2. फैसेलिटी मेण्टेनेंस- यह कार्य भी सीधे तौर पर हाउस कीपिंग से जुड़ा है एवं यह इसका एक हिस्सा है। परन्तु इस दोनों कार्यों में काफी फर्क है। फैसेलिटी एक उच्च गुणवत्ता एवं कौशल का कार्य है। इसके लिए आपको कम से कम आईटीआई का प्रशिक्षण होना चाहिए। इसका मुख्य कार्य कम्पनी अर्थात् हीटिंग, वेण्टीलेशन एवं एयर कण्डीशनिंग सिस्टम की देखभाल, कम्पनी के पावर बैकअप आदि की डीजल जनरेटर, क्लीनर मशीनें, फर्श साफ करने वाली मशीनें, प्लम्बिंग, स्वीपर, गार्डनर एवं अन्य टेक्निकल व मैकेनिकल सिस्टम की देखभाल तथा रख रखाव करना है।

3. हार्टीक्ल्चर एवं लैण्डस्केपिंग- यह कार्य भी इसका एक हिस्सा होने के बावजूद भी एक अलग कार्य है, हालाँकि इसमें आप एक साधारण माली की तरह बड़ी-बड़ी कम्पनियों में कार्य कर सकते हैं, परन्तु यह भी एक कौशल का कार्य है। इसके लिए आपको पेड़-पौधों, घास आदि क्यारियों में लगाने, काटने, सींचने एवं रख-रखाव करने में माहिर होना चाहिए तथा फूल वाले विभिन्न पौधों, पेड़ों, घास एवं झाड़ियों के बारे में जानकारी होना जरूरी है। इसके अलावा लैण्डस्केपिंग अर्थात् कम्पनी के खुले भाग में इन चीजों का इस्तेमाल पूरी इमारत या काम्प्लैक्स की खूबसूरती बढ़ाने के लिए करना आना चाहिए। यदि आपमें यह गुण है, तो इस क्षेत्र में भी सुरक्षा एजेंसी के साथ आप यह कार्य कर सकते हैं।

4. डिटेक्शन एवं इनवेस्टीगेशन- साधारणत: लगभग सभी बड़ी सुरक्षा एजेंसियाँ इस कार्य में भी अपना दखल रखती हैं एवं इनमें डिटेक्शन तथा इनवेस्टीगेशन का एक अलग विभाग होता है। यह कार्य साधारण सुरक्षा गार्ड के बस का नहीं है परन्तु हमारे सेवा निवृत्त सैनिक एवं अर्द्धसैनिक तथा पुलिस बलों के जवानों एवं अधिकारियों को इसमें प्राथमिकता दी जाती

है। यह एक उच्च गुणवत्ता एवं कौशल वाला कार्य है, जिसमें विभिन्न तरह के जासूसी उपकरणों जैसे- खुफिया कैमरा, रिकार्डस बग्स, डी-बग्स, पीछा करने वाले उपकरण, उन्नत रेडियो एवं वायरलैस आदि का उपयोग होता है। इस विभाग में कार्य करने के लिए आपको इण्टेलीजेंस, सर्वलेंस, डिटेक्शन, ऐवीडेंस इकट्ठा करना आना चाहिए एवं इस विधि (कानून) की जानकारी होना चाहिए। इस कार्य में आपको बेहतर वेतन मिलता है। ज्यादातर इस विभाग का कार्य कम्पनियों के लिए जासूसी, जाँच करना, कर्मचारियों के पिछले रिकार्ड की जाँच-परख करना। व्यापारिक इण्टेंलीजेंस एवं काउण टर इण्टेंलीजेंस, वग्स लगाना, वग्स स्वीप करना, सर्वेलेंस करना, एवीडेंस इकट्ठा करना आदि होता है, जिसे बेहद काबिल एवं जानकार सेवानिवृत्त उच्चाधिकारी अंजाम देते हैं।

5. सुरक्षा उपकरणों का विभाग- साधारणत: ज्यादा बड़ी सुरक्षा एजेंसियाँ अपने बड़े एवं अन्य ग्राहक कम्पनियों को सुरक्षा गार्ड की सेवाओं के साथ-साथ सम्मिलित तौर पर एक संगठित एवं पूर्ण सुरक्षा सेवा देते हैं, जिसमें विभिन्न तरह के वैज्ञानिक सुरक्षा उपकरण होते हैं। जैसे- मेटल डिटेक्टर, हैड हेल्ड एवं डोर फ्रेम, क्लोज सर्किट टीवी, फायर सर्विस एवं फायर अलार्म, अन्य तरह के अलार्म्स, पैरामीटर फेंसिग इण्टोग्रेटेड विद अलार्म्स एवं टीवी, स्कैनर्स, विभिन्न तरह के ऐक्सेस कण्ट्रोल्स एवं कैमरा, मैगनेटिक आई-कार्ड्स, फिंगर प्रिण्ट्स, रैटीना, एवं बायो मैट्रिक स्कैनर्स, अन्य कई बेहतरीन वैज्ञानिक उपकरण, सुरक्षा गार्ड्स एवं सुरक्षा उपकरणों का बेहतरीन तालमेल, ग्राहक कम्पनी का पूरा सर्वेक्षण करने के बाद लगाया जाता है, जिससे कि कम्पनी को उचित दाम पर बेहतर सर्विस हासिल हो सके। इस कार्य में भी सुरक्षा गार्ड्स को ट्रेनिंग दी जाती है एवं इन उपकरणों के साथ गार्ड्स भी कार्य करते हैं। इसलिए सुरक्षा गार्ड को हमेशा अपनी शिक्षा, ट्रेनिंग एवं काबिलियत बढ़ाते रहना चाहिए, जिससे उसकी तरक्की निश्चित है। सुरक्षा उपकरणों के साथ ही फायर आर्मस् अर्थात् हथियार जैसे–एकनाली, दुनाली गन, राइफल, रिवाल्वर, पिस्टल, बम आदि के बारे में भी गार्ड को जानना जरूरी है ताकि आड़े वक्त में वह अपना एवं कम्पनी की प्रापर्टी तथा कर्मचारियों की रक्षा कर सके। इस विषय में ज्यादा जानकारी आपको ट्रेनिंग के अध्याय में दी जाएगी।

6. कैश इन ट्रांजिट- अर्थात् पैसे को एक से दूसरी जगह सुरक्षा में ले जाना। जैसे कि आप जानते हैं कि बड़े शहरों में जगह-जगह नये-नये एटीएम

रोज खुल रहे हैं एवं बैंको की शाखाएँ भी बढ़ती जा रही हैं। इसके अलावा बड़ी-बड़ी कम्पनियाँ लाखों-करोड़ों में लेन-देन करती हैं अथवा वेतन बाँटती हैं एवं अन्य बड़े व्यापारियों को भी बड़ी मात्रा में पैसा लाने- ले जाने की आवश्यकता होती है। गुण्डे, बदमाशों एवं संगठित अपराधियों की नजर इस कैश पर हमेशा रहती है। व्यापार की इसी जरूरत को समझ कर बड़ी सुरक्षा कम्पनियाँ इस पैसे को लाने-ले जाने का कार्य करती हैं। इसमें इनके पास एक बुलेट प्रूफ गाड़ी होती है, जिसे 'कैश वैन' कहते हैं। इसमें आगे ड्राइवर के साथ दो हथियारबन्द अधिकारी बैठते हैं एवं इसके पिछले भाग लोहे की मोटी चादर के भीतर तिजोरी में क्लाइण्ट का पैसा रखा जाता है। इसे बन्द करने के बाद फिर पिछला दरवाजा बन्द कर दिया जाता है एवं पिछले भाग में भी 2 हथियारबन्द सुरक्षा गार्ड बैठते हैं और इसमें पीछे से ताला लगा दिया जाता है। इस तरह यह 'कैश वैन' पूरी तरह लूट या हमले से सुरक्षित होकर बड़ी मात्रा में पैसा यहाँ से वहाँ पहुँचाती है। सुरक्षा कम्पनी इस सेवा के लिए काफी ज्यादा एवं बेहतर पैसा वसूल करती है तथा इसके सुरक्षा गार्ड एवं अधिकारियों को भी अच्छा पैसा दिया जाता है। कुछ समय सुरक्षा गार्ड की नौकरी करने के बाद आप अपनी मेहनत एवं काबिलियत के बल पर इस सेवा में भी आ सकते हैं एवं आपको अच्छा पैसा मिलेगा। सावधानी, ट्रेनिंग, हथियार, विश्वास एवं सतर्कता इस काम की रीढ़ है। यह कार्य बड़ी सुरक्षा एजेंसियों को काफी अच्छा मुनाफा दिलाता है। हथियार रखने वाले सेवानिवृत्त अधिकारियों एवं जवानों के लिए यह एक बेहतर नौकरी के अवसर देता है।

7. वीआईपी एवं एक्जीक्यूटिव प्रोटेक्शन- ज्यादातर सुरक्षा कम्पनियाँ अपनी ग्राहक कम्पनियों के उच्चाधिकारियों की पर्सनल सुरक्षा पर काफी ध्यान देती हैं। जैसा कि जाहिर है बड़ी कम्पनियों के उच्चाधिकारी एवं अन्य वीआईपी पर लगभग हमेशा ही खतरा मँडराता रहता है, जैसे कि मुख्यत: किडनैपिंग या किलिंग का। इसके लिए अलग तौर पर कम्पनी पीएसओ (पर्सनल सिक्योरिटी आफीसर) पिस्टल, कारबाईन इत्यादि के साथ हथियारबन्द को वीआईपी की सुरक्षा में 24 घण्टे लगाये रखती है। इसके अलावा वीआईपी के घर, दफ्तर, ट्रैवल एवं अन्य स्थानों पर भी सादा कपड़ों में उनकी सुरक्षा के लिए अपने जवान को सर्वेलेस पर रखती हैं। वीआईपी की

सुरक्षा करना एक अहम कार्य है एवं इसके लिए एजेंसी में एक अलग विभाग होता है। इसमें बेहद प्रशिक्षित जवानों एवं अधिकारियों की जरूरत होती है। इसमें सेना, अर्द्धसैनिक एवं पुलिस से अवकाश प्राप्त लोगों को बेहतर अवसर मिलते हैं। यह विभाग भी एक महत्वपूर्ण एवं ज्यादा मुनाफा देने वाला व्यापार है तथा इसे भी कोई प्रशिक्षित एवं सेवा निवृत्त उच्चाधिकारी चलाता है।

8. ईवेण्ट मैनेजमेण्ट- सुरक्षा कम्पनी का एक अन्य अहम कार्य है-ईवेण्ट मैनेजमेण्ट। हमारे देश में मीडिया की तेजी से हुई तरक्की के कारण एवं बड़ी-बड़ी कम्पनियों के विभिन्न इवेण्ट्स की तादाद एवं तारीख बढ़ने के साथ-साथ सुरक्षा एजेंसी इन खास ईवेण्ट्स की सुरक्षा एवं अन्य सेवाएँ भी देती हैं। ज्यादातर जलसों में लोगों की संख्या अधिक होने के कारण ये सुरक्षा की दृष्टि से संवेदनशील जलसे होते हैं एवं ये ज्यादातर 1 से 3 या 4 दिन के हो सकते हैं। इवेण्ट की सुरक्षा करना एक अलग एवं अहम कार्य है तथा इसके लिए पहले से तैयारी करनी होती है। छोटे से बड़े ईवेण्ट्स में 10 से 500 गार्ड्स तक की तैनाती करनी होती है। सुरक्षा गार्ड के लिए ईवेण्ट्स की सुरक्षा करना फायदेमन्द होता है, क्योंकि इसमें एक दिन के बहुत अच्छे पैसे मिलते हैं जो कि गार्ड की एक दिन की साधारण सैलरी का दुगुना या तीन गुना तक हो सकता है। इसमें बाऊंसरस, गैनमैन, पीएसओ एवं लेडी गार्ड्स की भी आवश्यकता होती है।

9. गन मैन, लेडी गार्डस- सुरक्षा कम्पनी में महिलाओं की भी काफी जगह है, अतः महिलाएँ इस कार्य की तरफ जरूर आकर्षित होती हैं। लेडी गार्ड्स की सैलरी भी पुरुष गार्ड्स के मुकाबले ज्यादा होती है। जिस तरह देश में महिलाओं ने तरक्की की है, इससे लगभग हर कम्पनी में महिलाएँ नौकरी करती है। चूँकि कानून नियमानुसार सुरक्षा गार्ड्स महिलाओं की चैकिंग, फ्रिस्मिंग नहीं कर सकते, इसलिए लेडी गार्ड्स की सुरक्षा कम्पनी में काफी डिमाण्ड है। आप यदि महिला हैं एवं मैट्रिक पास हैं तथा आपको कोई उचित कार्य नहीं मिल रहा हो या आप घर पर अकेले टाइम पास न कर पा रही हों या आपको पैसों की जरूरत हो, तो आप अवश्य लेडी गार्ड की नौकरी के लिए आवेदन दे सकती हैं। इस पुस्तक के अन्त में कई सारी सुरक्षा एजेंसियों के नाम, पते एवं फोन नम्बर दिये गये हैं, जहाँ सम्पर्क करके आप लेडी गार्ड की नौकरी हासिल कर सकती हैं। इसी तरह गनमैन की भी जरूरत सुरक्षा

एजेंसियों की होती है। आप यदि गन रखते हैं तो आप गार्ड से 2 या 3 गुनी सैलरी पर सुरक्षा एजेंसी में नौकरी पा सकते हैं। इसी तरह पीएसओ या पिस्टल मैन की भी जरूरत हर सुरक्षा एजेंसी में होती है, अतः आप दी गयी किसी भी कम्पनी में सम्पर्क करके पीएसओ की नौकरी हासिल कर सकते हैं एवं आपकी सैलरी किसी उच्चाधिकारी की तरह ही होगी।

10. लेबर-काफी सुरक्षा एजेंसियाँ विभिन्न कम्पनियों को सुरक्षा मुहैया कराती हैं, खास तौर पर औद्योगिक संस्थान को भी कर्मचारी अर्थात् लेबर देने का कार्य करती हैं। जाहिर है कि लेबर वर्क फोर्स की लगभग हर जगह अच्छी डिमाण्ड है। इसमें आप अकुशल, थोड़े कुशल एवं कुशल कारीगर की इन तीन कैटेगिरी में कार्य कर सकते हैं। यदि आप सुरक्षा गार्ड की नौकरी न पा सकें तो निश्चित ही सुरक्षा कम्पनी के सम्पर्क से किसी भी उद्योग में लेबर का कार्य कर सकते हैं, जो कि सुरक्षा गार्ड के कार्य से कम नहीं है। इसलिए मेरे ग्रामीण एवं अशिक्षित या अर्द्धशिक्षित ग्रामीण भाइयों के लिए भी यह पुस्तक उतनी ही फायदेमन्द साबित होगी जितनी की सुरक्षा गार्ड को। आप बस इस पुस्तक के अन्त में दी गयी कम्पनियों की जानकारी लेकर उनसे सम्पर्क करके लेबर का कार्य जरूर हासिल कर सकते हैं।

तो इस तरह आपको सुरक्षा एजेंसियों से सम्बन्धित विस्तृत जानकारी देने के बाद मैं आशा करता हूँ कि आपको काफी जानकारी मिली होगी एवं आप सुरक्षा एजेंसी के कार्यों से पूरी तरह वाकिफ हो गये होंगे। परन्तु अभी ठहरिए! क्योंकि अभी आप पूरी तरह से सुरक्षा गार्ड की नौकरी के लिए तैयार नहीं है। आगे के अध्यायों में आपको सुरक्षा गार्ड की विभिन्न ड्यूटी के बारे में जानकारी दी जाएगी एवं इससे सम्बन्धित विस्तृत टेनिंग भी दी जाएगी, जिसके बाद आप पूरे आत्म विश्वास से सुरक्षा गार्ड की ड्यूटी के लिए तैयार होंगे। इस पुस्तक के अन्त में विभिन्न सुरक्षा कम्पनियों के सम्पर्क दिये गये हैं, जहाँ से आप आसानी से कार्य हासिल कर सकते हैं। इसलिए इस पुस्तक को पूर्णरूपेण पढ़िए एवं इसकी जानकारी अपने दोस्तों को भी दें जो नौकरी खोज रहे हैं।

❑❑❑

अध्याय-2

विस्तृत सुरक्षा ड्यूटी

सुरक्षा गार्ड की ड्यूटी

पिछले अध्याय में आपने सुरक्षा एजेंसी के बारे में विस्तार से जाना। परन्तु एक सुरक्षा गार्ड के लिए सबसे अहम् जानने की बात है–उसकी ड्यूटी एवं जिम्मेदारी क्या है। इस अध्याय में हम आपको इसी अहम् रोल के बारे में विस्तृत जानकारी देंगे। हालाँकि कम्पनी के विभिन्न प्रकारों में सुरक्षा गार्ड की ड्यूटी में थोड़ा-सा परिवर्तन होता रहता है, परन्तु लगभग हर पोस्ट पर ज्यादातर जिम्मेदारी लगभग समान ही रहती है। इसलिए सबसे पहले आपको सुरक्षा गार्ड की सामान्य ड्यूटी के बारे में बताया जाएगा एवं अलग-अलग तरह की कम्पनी एवं कैम्पस के बारे में अलग से अतिरिक्त जानकारी दी जाएगी।

सुरक्षा गार्ड की ड्यूटी को दो अहम् भागों में बाँटा जा सकता है–

(1) फिक्सड पोस्ट (2) पैट्रौल ड्यूटी

सभी फिक्स पोस्ट सन्तरी की पोस्ट की तरह होती है एवं हर पोस्ट को जिम्मेदारी इलाकों (क्षेत्रों में) बाँटा जाता है। इसी के अनुसार गार्ड की जिम्मेदारी तय की जाती है। ज्यादातर फिक्सड पोस्ट कम्पनी के मुख्य द्वार, पिछले द्वार, अन्य द्वार एवं लोडिंग, अनलोडिंग पॉइंट्स, पार्किंग, रिसेप्शन आदि पर लगायी जाती है।

पेट्रोल ड्यूटी खास वजह से लगायी जाती है, जबकि जिम्मेदारी का इलाका बड़ा एवं ज्यादा हो। पैट्रोल गार्ड को समय एवं जिम्मेदारी का इलाका दिया जाता है एवं समय के अनुसार गार्ड को उस इलाके में गश्त लगाना होता

है तथा ध्यान रखना होता है कि कोई हिस्सा छूट न जाये। ज्यादातर पैट्रोल ड्यूटी कम्पनी की चारदीवारी के अन्दर एवं बाहर लगायी जाती है, क्योंकि खासकर बड़ी सामान बनाने वाली कम्पनियों में चोरी करने के लिए, सामान चारदीवारी से बाहर की ओर फेंक दिया जाता है एवं बाद में उठा लिया जाता है। इसके अलावा पेट्रोल गार्ड यह भी सुनिश्चित करता है कि कोई अन्य व्यक्ति चारदीवारी लाँघ कर कम्पनी में दाखिल न हो जाये। इसके अलावा पैट्रोल का समय भी सुरक्षा अधिकारी या सुपरवाइजर द्वारा बदल-बदल के दिया जाता है, जिससे कि चोरों में भय रहता है कि पैट्रोल गार्ड कभी भी आ सकता है। पैट्रोल गार्ड के लिए कम्यूनिकेशन एवं वाहन की व्यवस्था भी की जाती है। यदि इलाका ज्यादा बड़ा हो तो पेट्रोल की ब्रीफिंग की जाती है कि किन-किन जगहों पर ज्यादा ध्यान देना है एवं किस तरह किसी अलग गतिविधि को जाँचना एवं रिपोर्ट करना है।

आइए! अब आपको सुरक्षा गार्ड की सामान्य ड्यूटी के बारे में बतायें।

1. सर्वप्रथम सुरक्षा गार्ड को अपनी यूनिफार्म के बारे में सावधान रहना होता है। अर्थात् साफ, धुली एवं प्रेस की हुई वर्दी होनी चाहिए तथा बेल्ट, कैप, बैज एवं जूते वगैरह साफ एवं सुव्यवस्थित होने चाहिए। सुरक्षा गार्ड का टर्नआउट सबसे पहली जरूरत है। इससे ही कम्पनी एवं गार्ड की क्वालिटी एवं स्तर आँका जाता है।

2. सुरक्षा गार्ड को कभी भी पोस्ट पर बिना वर्दी के नहीं होना चाहिए, यदि अलग से ऐसे आदेश न दिये गये हों। क्योंकि वर्दी से ही सुरक्षा गार्ड की पहचान एवं अथारिटी हासिल होती है।

3. सुरक्षा गार्ड को ड्यूटी के दौरान हमेशा अलर्ट, चौकस एवं शेव (दाढ़ी बनाकर) करके रहना चाहिए।

4. सुरक्षा गार्ड के लिए पोस्ट पर शराब पीना, सिगरेट, बीड़ी, तम्बाकू का सेवन करना, न्यूजपेपर, मैगजीन आदि पढ़ना या अपने पर्सनल लैटर आदि लिखना एकदम वर्जित होता है। सुरक्षा गार्ड का पूरा ध्यान अपनी पोस्ट एवं ड्यूटी पर होना चाहिए।

5. ड्यूटी के दौरान सोना सुरक्षा गार्ड के लिए सबसे घातक एवं गम्भीर गलती है तथा इससे आपकी नौकरी तुरन्त जा सकती है। इसलिए इस बात का खास ख्याल रखना बेहद जरूरी है।

6. नाइट ड्यूटी के दौरान गार्ड को पूरी यूनिफार्म में होना जरूरी है। अक्सर सुरक्षा गार्ड यहाँ गलती करते हैं एवं पूरी यूनिफार्म में रात में नहीं रहते, क्योंकि रात में कम्पनी ज्यादातर खाली हो जाती है। परन्तु ऐसा करना गार्ड की नौकरी एवं कम्पनी की इमेज के लिए खराब है। अतः आपको इस बात का खास ध्यान रखना जरूरी है।

7. सुरक्षा गार्ड को अपने एवं कम्पनी के उच्चाधिकारियों से बात करते वक्त हमेशा सावधान मुद्रा में होना चाहिए एवं सभ्य एवं सन्तुलित भाषा में बात करनी चाहिए। इसी से आपकी छवि बनती या खराब होती है।

8. सुरक्ष गार्ड का काम कम्पनी के सामान, इमारत आदि की सुरक्षा करना है। इसके लिए यह अहम है कि सुरक्षा गार्ड किसी भी कम्पनी के कर्मचारी से दोस्ती आदि न करे एवं एक सम्मानजनक दूरी बनाये रखे। इससे अपनी ड्यूटी निभाने में आपको ज्यादा दोस्ती के कारण कम्प्रोमाइज (समझौता) नही करना पड़ेगा तथा गलती की गुंजाइश कम रहेगी।

9. कम्पनी के गेट पर होने वाली कोई भी असामान्य हरकत जैसे-धरना, भीड़, मीटिंग, विरोध आदि की जानकारी तुरन्त अपने सुपरवाइजर एवं कम्पनी के उच्चाधिकारियों को देनी चाहिए।

10. एक अन्य सबसे अहम् बात है कि सुरक्षा गार्ड को अपनी पोस्ट तब तक नहीं छोड़नी चाहिए, जब तक कि उसका रिलीवर न आ जाये। चाहे इसमें आपको अपनी ड्यूटी से ज्यादा समय तक रुकना पड़े। अन्यथा इस हालात में कम्पनी में कोई घटना होने पर सबको दण्डित किया जा सकता है एवं आपकी नौकरी भी जा सकती है।

11. सुरक्षा गार्ड को कम्पनी के बड़े अधिकारियों को हमेशा जाने एवं आने के वक्त सैल्यूट अवश्य करना चाहिए।

12. ड्यूटी बदलने के दौरान सुरक्षा गार्ड को सभी ताले, चाबी, खिड़की आदि की जाँच करनी चाहिए एवं गेट पर कोई सन्देश आदि हो, तो उसकी जानकारी ले लेनी चाहिए।

13. हर पोस्ट पर हर गार्ड के पास अपने सुपरवाइजर अधिकारी, कण्ट्रोल रूम, पुलिस, फायर ब्रिगेड, अस्पताल, टैक्सी स्टैण्ड आदि के फोन नम्बर होने चाहिए।

14. किसी भी सुरक्षा गार्ड को कम्पनी का स्टोर रूम कभी भी नहीं खोलना चाहिए एवं न ही बिना अधिकारी की अनुमति के किसी अन्य कर्मचारी को खोलने देना चाहिए।

15. सुरक्षा गार्ड की एक अन्य अहम् जिम्मेदारी है कि किसी भी अनधिकृत व्यक्ति या कर्मचारी को कम्पनी में दाखिल न होने दें।

16. चोरी या अन्य किसी भी घटना की सूचना तुरन्त अपने सुपरवाइजर, अधिकारी एवं कण्ट्रोल रूम को देनी चाहिए।

17. सुरक्षा गार्ड की सबसे अहम् जिम्मेदारी है कि वह कम्पनी के किसी भी सामान को बिना अधिकारी की लिखित परमीशन (अनुमति) के अन्दर या बाहर न जाने दे।

18. हर कम्पनी के मुख्य द्वार पर हमेशा एक विजिटर रजिस्टर होता है एवं सुरक्षा गार्ड की यह अहम् जिम्मेदारी है कि वह हर विजिटर से इसमें इण्ट्री करवाये। यह काम बेहद जरूरी है, क्योंकि कम्पनी में किसी घटना के होने पर विजिटर रजिस्टर की जाँच अवश्य की जाती है, जिससे जानकारी मिलती है कि घटना के दौरान अथवा पहले या बाद में कौन-कौन व्यक्ति कम्पनी के अन्दर या बाहर गया था।

19. इसके साथ ही सुरक्षा गार्ड को हर विजिटर के सामान की जाँच करनी चाहिए ताकि ऐसी कोई वस्तु कम्पनी के अन्दर न जा सके, जिससे कि जान या कम्पनी को माल का खतरा उत्पन्न हो सके।

20. सुरक्षा गार्ड को कम्पनी के कर्मचारियों एवं आगन्तुकों के साथ विनम्रतापूर्वक परन्तु सख्त तरीके से पेश आना चाहिए।

21. कम्पनी का मुख्य द्वार हमेशा बन्द रखना चाहिए एवं जरूरत पड़ने पर ही खोलना चाहिए। जहाँ पर द्वार से पहले बैरियर हो, वहाँ पर ही आगन्तुकों से बात करनी चाहिए एवं गाड़ियाँ तरीके से पार्क करवानी चाहिए।

22. ज्यादातर देखा गया है कि कम्पनी में चोरी के जिम्मेदार ठेकेदार एवं अन्य वेण्डर के आदमी होते हैं। इसलिए इन कर्मचारियों की पूरी पहचान एवं तलाशी के बाद ही कम्पनी में प्रवेश देना चाहिए।

23. इसके साथ ही देखा गया है कि यह कर्मचारी ही ज्यादातर पान,

गुटका, बीड़ी, सिगरेट आदि अपने साथ रखते हैं एवं अन्दर कम्पनी के परिसर को गन्दा करते हैं। इसलिए इनकी खास तौर पर तलाशी लेनी चाहिए एवं इन चीजों को कम्पनी के अन्दर नहीं जाने दिया जाना चाहिए। यदि जरूरी हो तो इनका सामान गेट पर जमा कर देना चाहिए एवं काम के बाद जाते समय उसे वापस कर देना चाहिए।

24. कम्पनी का सामान आउगोइंग, इनकमिंग चालान के आधार पर चैक करने के बाद ही जाने देना चाहिए।

25. विभिन्न कम्पनियों के मुख्य द्वार एवं अन्य पोस्टों पर विभिन्न तरह के रजिस्टर एवं फार्म होते हैं, जिनकी जानकारी हर पोस्ट एवं गार्ड को होना चाहिए एवं इन्हें हमेशा पूरी तरह भरा जाना चाहिए। इन रजिस्टर के बारे में जानकारी आगे दी जाएगी।

26. सुरक्षा गार्ड को कम्पनी के किसी भी कर्मचारी अथवा ठेकेदार से कोई भी गिफ्ट कभी भी नहीं लेना चाहिए।

27. सुरक्षा गार्ड को कम्पनी की यूनियन में कभी भी शामिल नहीं होना चाहिए।

28. सुरक्षा गार्ड को अपने काम के प्रति ईमानदारी तथा जिम्मेदारी रखनी चाहिए।

महिला सुरक्षा गार्ड की ड्यूटी

हमारे देश में महिलाओं ने पिछले कुछ सालों में काफी तरक्की की है एवं आजकल लगभग हर आफिस या कम्पनी में महिलाएँ कार्यरत हैं। चूँकि पुरुष सुरक्षा गार्ड महिलाओं की चैकिंग, तलाशी आदि करने के लिए उपयुक्त नहीं हैं, अतः ज्यादातर संस्थानों में महिला सुरक्षा गार्ड की तैनाती भी की जाती है। हालाँकि दोनों गार्ड्स की जिम्मेदारी एवं ड्यूटी लगभग एक-सी है, किन्तु केवल महिला गार्ड ही महिला कर्मचारियों को डील करती हैं। महिला सुरक्षा गार्ड की ड्यूटी की कुछ खासियत निम्नलिखित है–

1. महिला सुरक्षा गार्ड कम्पनी की महिला कर्मचारियों की फ्रिस्किंग, तलाशी तथा सामान जैसे हैंड बैग इत्यादि की जाँच करती है।

2. महिला सुरक्षा गार्ड ही महिला कर्मचारियों की शारीरिक तलाशी लेती है।

3. महिला सुरक्षा गार्ड को भी अलग से वर्दी दी जाती है एवं इसे साफ सुथरा रखना तथा ड्यूटी पर पहनना चाहिए।

4. महिला सुरक्षा गार्ड का व्यवहार विनम्र परन्तु सख्त होना चाहिए।

5. महिला विजिटर्स को महिला सुरक्षा गार्ड द्वारा ही डील करना चाहिए।

6. महिला कर्मचारियों से जुड़े किसी भी मसले को महिला सुरक्षा गार्ड द्वारा ही हल करवाना चाहिए।

7. महिला सुरक्षा गार्ड को अपने पुरुष साथियों से उचित दूरी बना कर रखनी चाहिए।

8. महिला सुरक्षाकर्मी को महिलाओं से सम्बन्धित सुरक्षा ट्रेनिंग हासिल करनी चाहिए, किसी भी आपातकाल में उनकी मदद करनी चाहिए।

9. महिला सुरक्षा गार्ड को महिला कर्मचारियों के घर एवं पिता, पति के फोन नम्बर अपने पास रखने चाहिए ताकि किसी आपातकाल में उन्हें सूचित किया जा सके।

10. महिला सुरक्षा गार्ड को अपना एवं महिला कर्मचारियों का डेकोरम रखना चाहिए।

हेड गार्ड की ड्यूटी

सुरक्षा गार्ड के काम में 5–7 साल गुजारने के बाद ज्यादातर आपको हेडगार्ड के रूप में प्रमोशन दिया जाता है, जिससे कि केवल आपकी तनख्वाह ही नहीं अपितु जिम्मेदारी भी बढ़ जाती है तथा आपको कम्पनी के मुख्य स्थानों जैसे कि मुख्य द्वार, लोडिंग, अनलोडिंग प्वाइण्ट कलेक्शन आदि पर 4–5 या ज्यादा सुरक्षा गार्ड का हेड बना दिया जाता है। हेड गार्ड के मुकाम पर पहुँचने के बाद आपको निम्नलिखित बातों का ध्यान रखना होता है–

1. मुख्य द्वार पर रखे सभी रजिस्टरों को मेण्टेन करना।

2. अपने नीचे काम कर रहे गार्ड को गाइड करना तथा उन्हें काम समझाना।

3. गार्ड की वर्दी एवं डिसिप्लिन कायम रखना।

4. विजिटर्स की एण्ट्री आदि करवा कर उन्हें रिसेप्शन तक पहुँचाना।

5. इनकमिंग, आउट गोइंग सामान को चालान के मुताबिक चेक करना।

6. रिटैर्नेबल, नान रिटैर्नेबल सामान की एण्ट्री एवं चेक करना।

7. स्कैप के सामान आदि को चेक करके डिसपैच कराना।

8. नये सुरक्षा गार्डों को काम की ट्रेनिंग एवं जानकारी देना।

9. कम्पनी के सभी विभागों के हेड एवं अन्य उच्च अधिकारियों को जानना एवं उनका फोन, ऐक्सटेंशन आदि अपने पास रखना।

10. सुरक्षा सुपरवाइजर, फील्ड आफीसर, सुरक्षा अधिकारी आदि से काम के बारे में तालमेल रखना।

11. एमर्जेंसी के दौरान सुरक्षा गार्ड्स द्वारा किये जाने वाले कार्यों के बारे में उन्हें ट्रेनिंग देना। जैसे कि फायर फाइटिंग आदि।

12. सुरक्षा गार्ड की हाजिरी लगाना, उन्हें ड्यूटी पर लगाने एवं ड्यूटी पूरी करके वापस आने के बाद ब्रीफ, डी-ब्रीफ करना।

13. कम्पनी के अधिकारियों एवं सुरक्षा पोस्ट से तालमेल बनाये रखना।

14. सुरक्षा कम्पनी के अधिकारियों से तालमेल रखना।

15. अपने नीचे काम कर रहे गार्डों की रिपोर्ट ब्रांच तक पहुँचाना।

16. कम्पनी के कर्मचारियों, सामान तथा मशीनों की रक्षा करना।

गनमैन की ड्यूटी

ज्यादातर कम्पनियाँ सुरक्षा एजेंसी से गार्ड के साथ गनमैन की डिमाण्ड भी करती हैं एवं इन्हें ज्यादातर रात के समय ड्यूटी पर लगाया जाता है, जबकि कम्पनी खाली रहती है एवं अपराधियों का खतरा बना रहता है। इसमें गनमैन एक प्रतिरोधक का कार्य करते हैं तथा अपराधियों को इनका भय बना रहता है। ज्यादातर गनमैन आर्मी से रिटायर होते हैं, परन्तु सिविलियन गनमैन भी रहते हैं। गनमैन के पास दो नाली, एक नाली, राइफल, 315 बोर बन्दूक आदि

होती है, जिन्हें लाइसेंस द्वारा गनमैन हासिल करते हैं एवं स्किल्ड कैटेगरी में आने के कारण इन्हें सुरक्षा गार्ड से ज्यादा अच्छा पैसा हासिल होता है। गनमैन को अपनी ड्यूटी के दौरान कुछ निम्नलिखित बातों का ध्यान रखना चाहिए–

1. गनमैन का लाइसेंस अपटूडेट होना चाहिए।

2. गनमैन को ड्यूटी के दौरान गन जरूरत के हिसाब से भर कर या खाली रखनी चाहिए ताकि कोई हादसा न हो जाये।

3. यदि गनमैन का लाइसेंस किसी खास स्टेट का हो, तो उसे उसी स्टेट में नौकरी करनी चाहिए। यदि उसके पास नेशनल लाइसेंस है, तो कोई दिक्कत नहीं।

4. अपनी गन हमेशा साफ एवं तैयार रखनी चाहिए।

5. गोली या एम्यूनेशन को गन से अलग रखना चाहिए।

6. गन का सेफ्टी क्लच हमेशा लगा होना चाहिए।

7. अपनी गन से स्वयं एवं किसी अन्य को छेड़खानी नहीं करने देनी चाहिए।

8. गनमैन को गन चलाने की पूरी ट्रेनिंग होनी चाहिए एवं बीच–बीच में फायर करके गन को चैक एवं चालू हालत में रखना चाहिए।

9. गनमैन को कानून के बारे में जानकारी होनी चाहिए।

10. गनमैन को ट्रेनिंग दी जानी चाहिए कि किन हालात में उसे गन का इस्तेमाल करना है एवं किनमें नहीं।

11. कम्पनी के कैश या अधिकारी को लाने–ले जाने के समय सुरक्षा के लिए साथ जाना चाहिए एवं हमेशा अलर्ट तथा चौकस होना चाहिए।

12. जहाँ तक हो सके गन का उपयोग किसी की जान लेने के लिए नहीं करना चाहिए। हवाई फायर से या यदि कोई हमला करे, तो कमर से नीचे गोली मारनी चाहिए एवं तुरन्त पुलिस में रिपोर्ट करनी चाहिए।

पीएसओ की ड्यूटी

पीएसओ अर्थात् पर्सनल सुरक्षा अधिकारी की डिमाण्ड भी सुरक्षा एजेंसी में काफी होती है। जहाँ तक कि गनमैन का सवाल है, वह गन या राइफल

रखता है एवं प्लाण्ट की सुरक्षा करता है, जबकि पीएसओ एक पर्सनल सुरक्षा अधिकारी होता है, जिसके पास लाइसेंसशुदा पिस्टल, कारबाईन अथवा रिवाल्वर होता है और यह कम्पनी के मालिक अथवा अन्य उच्चाधिकारियों की पर्सनल सुरक्षा में तैनात होता है। पीएसओ को सुरक्षा में काफी अच्छा पैसा एवं अन्य सुविधाएँ हासिल होती हैं। पीएसओ को ड्यूटी के दौरान निम्नलिखित बातों का ख्याल रखना चाहिए–

1. पीएसओ के हथियार का लाइसेंस अपटूडेट होना चाहिए।

2. जरूरत के हिसाब से पिस्टल को भरा या खाली रखना चाहिए।

3. पिस्टल का लाइसेंस यदि एक राज्य का हो, तो किसी अन्य राज्य में नौकरी नहीं करनी चाहिए अन्यथा नेशनल लाइसेंस हासिल करना चाहिए।

4. अपनी पिस्टल हमेशा साफ एवं तैयार रखनी चाहिए।

5. अपनी पिस्टल चलाने में महारत हासिल होनी चाहिए एवं निशाना भी सटीक होना चाहिए। इसके लिए समय-समय पर फायर प्रेक्टिस (पिस्टल चलाने का अभ्यास) करते रहना चाहिए।

6. चूँकि पीएसओ, बड़े अधिकारी की सुरक्षा में तैनात होता है, अतः उसे उनके कार्यक्रम के हिसाब से तैयार रहना चाहिए।

7. कई लोग पीएसओ को दिखाना चाहते हैं, तो पीएसओ के पास साफ सुथरी यूनिफार्म होना चाहिए। परन्तु कई लोग पीएसओ को दिखाना नहीं चाहते, अतः उसी मुताबिक पीएसओ सादे कपड़े में साथ रहता है।

8. पीएसओ को एक्जीक्यूटिव प्रोटेक्शन की ट्रेनिंग होनी चाहिए, खास तौर पर यात्रा करते वक्त सुरक्षा का खास ख्याल रखना चाहिए।

9. क्लाइण्ट की जरूरत के अनुसार पीएसओ को अपना शैड्यूल तैयार रखना चाहिए एवं इसे सीक्रेट रखना चाहिए।

10. किसी खास थ्रैट के अनुसार जैसे कि किडनैपिंग, मर्डर अथवा अन्य हमले के हिसाब से पीएसओ को खतरे की विवेचना करना एवं उसके लिए प्लान बनाना आना चाहिए।

11. पीएसओ को कानून के बारे में अच्छी जानकारी होनी चाहिए एवं उसे सम्बन्धित थाने में जानकारी दे देनी चाहिए कि वह किस अधिकारी की

सुरक्षा में लगा है।

12. जहाँ तक सम्भव हो सके हमलावर पर फायर घायल करने के लिए कमर से नीचे करना चाहिए एवं हमले की सूचना तुरन्त पुलिस को देनी चाहिए।

बाउंसर की ड्यूटी

यदि आप जिम और बाडी बिल्डिंग के शौकीन है एवं एक पहलवान जैसा व्यक्तित्व रखते हैं, तो आपके लिए बेहतर अवसर एक बाउंसर के तौर पर हासिल है। लगभग सभी सुरक्षा एजेंसी बाउंसर को नौकरी देती हैं एवं इसमें आपको सुरक्षा गार्ड से कहीं अच्छा पैसा मिलता है। बाउंसर का मतलब है बिना हथियार का सुरक्षाकर्मी जो कि भीड़भाड़ आदि में किसी महत्वपूर्ण व्यक्ति की सुरक्षा करता है। बाउंसर शब्द विदेशों में बसे-डिस्को एवं क्लबों में महिलाओं की सुरक्षा करने वाले सुरक्षाकर्मियों से आया है एवं हमारे देश में भी प्रसिद्ध हो गया है।

बाउंसर का कार्य करने के लिए आपको निम्नलिखित बातों का ख्याल रखना होगा।

1. आपका व्यक्तित्व एवं हैल्थ-हाइट साधारण से ज्यादा एवं अलग हो।

2. आपको बिना हथियार की लड़ाई में महारत हासिल हो।

3. आपको जूडो, कराटे आदि का ज्ञान हो, तो और बेहतर होगा।

4. आपको किसी खास व्यक्ति की सुरक्षा भीड़-भाड़ में करनी होगी।

5. आपको भीड़ की मानसिकता की जानकारी एवं इससे बचने की काबिलियत, ट्रेनिंग एवं अनुभव होना चाहिए।

6. आपको अपनी भाषा के अलावा अँग्रेजी का ज्ञान हो, तो बेहतर है।

7. ज्यादातर आपको कम्पनी के किसी विशिष्ट व्यक्ति की सुरक्षा में लगाया जाएगा।

8. किसी इवेण्ट के दौरान आपको मंच की सुरक्षा करनी होगी।

9. आपको कोई हथियार रखने की जरूरत नहीं होती है।

10. आपको नाइट क्लब, डिस्को, माल, बड़ी शाप, इवेण्ट आदि में ड्यूटी करनी होगी।

11. कम्पनी की तरफ से आपको सुरक्षा गार्ड से अलग यूनिफार्म मिलेगी।

12. बाउंसर को सुरक्षा गार्ड के बदले काफी अच्छा पैसा मिलता है।

13. ज्यादातर आपको महिलाओं की सुरक्षा भीड़-भाड़ वाले ईवेण्ट में खास तौर पर बदमाश एवं अन्य शरारती युवकों से करनी होती है।

14. जहाँ तक सम्भव हो आप इन तत्त्वों को बिना शरीरिक नुक्सान पहुँचाए, गेट से बाहर धकेल दें।

15. आपको कानून का ज्ञान हो, तो बेहतर है।

16. आपको बिना गहरी शरीरिक क्षति पहुँचाए, हुड़दंगियों को काबू में करना आना चाहिए।

सुरक्षा सुपरवाइजर की ड्यूटी

सुरक्षा सुपरवाइजर किसी खास कम्पनी में सुरक्षा गार्डों को मैनेज करता है एवं सुरक्षा कम्पनी की तरफ से क्लाइण्ट कम्पनी में सुरक्षा का जिम्मेदार होता है। बड़ी कम्पनी में एक से ज्यादा कई सुपरवाइजर एवं असाइनमेण्ट अधिकारी हो सकते हैं। हेड गार्ड के बाद सुरक्षा गार्ड का प्रमोशन एक सुपरवाइजर के बतौर होता है। आइए! सुपरवाइजर के काम पर रोशनी डालें।

1. ड्यूटी पर तैनात सभी सुरक्षा गार्ड की सही यूनिफार्म चैक करना।

2. जाने वाली एवं आने वाली शिफ्ट की बदली करवाना एवं ब्रीफिंग, डी-ब्रीफिंग कराना।

3. पोस्ट पर सारे उपकरण एवं डाक्यूमेण्ट सही मेण्टेन करना।

4. सभी पोस्टों को दिन एवं रात में समय पर चैक करना।

5. कम्पनी के खुलने एवं बन्द होने के समय मेन गेट पर कर्मचारियों की तलाशी एवं भीड़ कण्ट्रोल करना।

6. सभी गार्डों का ड्यूटी रोस्टर बनाना, भरना एवं गार्डों को इसी

अनुसार ड्यूटी पर लगाना।

7. सभी गार्ड्रों की हाजिरी एवं ओवर टाइम का हिसाब रखना।

8. महीने के अन्त में ड्यूटी रोस्टर को कम्पनी के अधिकारी से वैरीफाई (प्रमाणित) करवा कर सुरक्षा एजेंसी या ब्रांच में भेजना।

9. सभी पोस्ट की रिपोर्ट को इनवेस्टीगेट करना एवं फील्ड आफिसर तथा ब्रांच को बताना।

10. किसी भी घटना की जाँच रिपोर्ट बनाना एवं सूचित करना।

11. सुरक्षा गोर्डों के काम का सुपरविजन करना एवं ब्रांच की रिपोर्ट करना।

12. कम्पनी के सभी सम्बन्धित अधिकारियों से तालमेल रखना।

13. सुरक्षा गार्डों को काम पर ही ट्रेनिंग देना।

14. इमरजेंसी रिसपॉल टीम बनाना तथा गार्डों को इस बारे में ट्रेण्ड करना- जैसे कि फायर आदि।

15. सुरक्षा कम्पनी, प्लाण्ट के अधिकारी एवं गार्डों के बीच तालमेल रखना तथा गार्डों की तनख्वाह टाइम पर बाँटना।

एसाइनमेण्ट अधिकारी की ड्यूटी

ज्यादातर सुरक्षा कम्पनियाँ किसी बड़ी कम्पनी में सुरक्षा की जिम्मेदारी हासिल होने पर कम्पनी में ही एक असाइनमेण्ट अधिकारी को पोस्ट करती हैं, जो कि क्लाइण्ट कम्पनी एवं सुरक्षा कम्पनी के बीच एक कड़ी का काम करता है तथा पूरी तौर पर उस असाइनटमेण्ट की देखभाल करता है। असाइनमेण्ट अधिकारी के नीचे कई सुपरवाइजर, हेडगार्ड एवं सुरक्षा गार्ड होते हैं, जो कि 50 से 500 तक हो सकते हैं। असाइनमेण्ट अधिकारी की मुख्य ड्यूटी निम्नलिखित है–

1. क्लाइण्ट कम्पनी के पूरे असाइनमेण्ट की जिम्मेदारी लेना।

2. सुरक्षाकर्मियों का डिप्लायमेण्ट करना एवं शिफ्ट बदलवाना।

3. सुरक्षा से सम्बन्धित सभी रिकार्ड एवं डाक्यूमेण्ट मेण्टेन करना।

4. कम्पनी के उच्चाधिकारियों से तालमेल एवं अच्छे सम्बन्ध रखना एवं उनके दिये निर्देशों के हिसाब से कम्पनी का सुरक्षा प्रबन्ध करना।

5. किसी भी घटना की जाँच करना एवं रिपोर्ट अधिकारियों को देना।

6. कम्पनी की इमरजेंसी रिस्पांस टीम का गठन करना तथा मौकड्रिल करना।

7. सुरक्षा गार्डों का डिसिप्लिन एवं वेलफेयर देखना।

8. सुरक्षा सुपरवाइजर की शिफ्ट एवं ड्यूटी लगाना।

9. सुरक्षा गार्डों को ट्रेनिंग देना एवं कम्पनी का सुरक्षा आडिट करवाना।

10. सुरक्षा एजेंसी, फील्ड आफिसर, ब्रांच मैनेजर, हेड आफिस एवं क्लाइण्ट कम्पनी के बीच सुरक्षा से सम्बन्धित तालमेल बना कर रखना।

11. गार्डों के पेमेण्ट, कम्पनी के बिल एवं चैक आदि को ठीक समय पर करवाना।

फील्ड आफीसर की ड्यूटी

किसी भी बड़ी सुरक्षा कम्पनी के एक ब्रांच आफिस के क्षेत्र में लगभग 50 तक छोटे-बड़े क्लाइण्ट्स हो सकते हैं। अतः फील्ड आफीसर ब्रांच आफिस एवं क्लाइण्ट के बीच कड़ी का काम करते हैं।

फील्ड आफीसर्स- ब्रांच के अन्तर्गत क्लाइण्ट की संख्या एवं लोकेशन के आधार पर 3 से 10 तक फील्ड आफीसर्स हो सकते हैं। हर फील्ड आफीसर का इलाका एवं क्लाइण्ट, ब्रांच द्वारा बाँटा जाता है एवं ये फील्ड आफीसर्स क्लाइण्ट से सीधा सम्बन्ध बनाये रखते हैं एवं सुरक्षा कम्पनी तथा क्लाइण्ट के बीच की अहम् कड़ी हैं।

फील्ड आफीसर्स के कुछ अहम कार्य निम्नलिखित हैं-

1. अपने इलाके के क्लाइण्ट्स की नियमित विजिट करना।

2. अपने इलाके के क्लाइण्ट्स एवं गार्डों की समस्याएँ सुलझाना।

3. गार्ड्स को यूनिफार्म एवं अन्य सामान मुहैया करना।

4. गार्ड्स की ड्यूटी लगाना एवं ट्रांसफर आदि करना।

5. कम्पनी के अधिकारियों से लगातार सम्पर्क रखना।

6. गार्ड्स की भर्ती, डाक्यूमेण्टेशन यूनिफार्म एवं ट्रेनिंग आदि करना।

7. गार्ड्स का ड्यूटी रोस्टर क्लाइण्ट से वैरीफाई कराकर ब्रांच में भेजना।

8. कम्पनी को महीने का सुरक्षा ड्यूटी का बिल देना।

9. कम्पनी से महीने का पेमेण्ट चैक लाना।

10. गार्ड्स को तय तारीख पर पेमेण्ट बाँटना।

11. सुरक्षा ड्यूटी से सम्बन्धित रोजमर्रा के कार्यों को संचालित करना।

12. ब्रांच एवं गार्ड्स के बीच संवाद/क्म्यूनिकेशन स्थापित करना।

13. किसी खास घटना, जैसे चोरी आदि की जाँच करना।

14. किसी खास इवेण्ट के लिए कम समय के लिए गार्ड्स लगाना।

15. अपने क्लाइण्ट्स का सुरक्षा आडिट कराना।

16. अपने क्लाइण्ट्स से सम्बन्धित सभी डाक्यूमेण्ट मैनेज करना।

17. ब्रांच मैनेजर एवं हेड आफिस से दिये गये निर्देशों का पालन करना।

18. नये काण्ट्रेक्टस के लिए नये गार्ड भर्ती करना एवं उन्हें काम पर लगाना।

19. ब्रांच, क्लाइण्ट एवं सुरक्षा गार्ड के बीच तालमेल बैठाये रखना।

ब्रांच मैनेजर की ड्यूटी

जैसा कि पहले बताया गया है, हर बड़ी सुरक्षा एजेंसी का एक खास इलाके में ब्रांच आफिस होता है जो कि कम्पनी के लिए प्राफिट सेण्टर का कार्य करता है। इसके अन्तर्गत उस इलाके में थोड़े या ज्यादा क्लाइण्ट हो सकते हैं। ब्रांच आफिस को ब्रांच मैनेजर द्वारा संचालित किया जाता है, जो कि हेड आफिस से दिशा निर्देश हासिल करता है। ब्रांच मैनेजर एक शिक्षित, अच्छे व्यक्तित्व वाला एवं सुरक्षा का जानकार होना चाहिए।

ब्रांच मैनेजर के कार्य निम्नलिखित हैं–

1. ब्रांच के अन्तर्गत सभी क्लाइण्ट्स से उच्च स्तर पर सम्बन्ध रखना।

2. ब्रांच के अन्तर्गत सभी क्लाइण्ट्स से समय पर पेमेण्ट हासिल करना।

3. ब्रांच के अन्तर्गत सभी सुरक्षा गार्ड को समय पर सैलरी (वेतन) बाँटना।

4. ब्रांच आफिस के स्टाफ के साथ सारे डाक्यूमेण्टस एवं रिपोर्ट तैयार करना।

5. ब्रांच का फाइनेंशियल मैनेजमेण्ट करना एवं प्राफिट बनाना।

6. सभी गार्डस की ट्रेनिंग, ट्रेनिंग आफिसर द्वारा करवाना।

7. किसी भी क्लाइण्ट की छोटी या बड़ी कम्प्लेण्ट अटेण्ड करना।

8. किसी भी घटना जैसे चोरी इत्यादि की जाँच करना एवं कार्यवाही करना।

9. सभी गार्ड्स की यूनिफार्म अप-टू-डेट रखना।

10. फील्ड ऑफिसर्स के साथ दिन एवं रात का विजिट प्लान बनाना।

11. हेड आफिस को डेली एक्टीविटी रिपोर्ट एवं एम/एस भेजना।

12. नये गार्डस् की भर्ती की पूरी प्रक्रिया करना एवं गार्डस् लगाना।

13. अपने इलाके की कम्पनियों से नये क्लाइण्ट्स हासिल करना।

14. ब्रांच की मार्केटिंग टीम के साथ नये बिजनेस हासिल करना एवं उन्हें आपरेशनेलाइज करना।

15. ब्रांच में अपने इलाकों का सुरक्षा कण्ट्रोल रूम बनाना व चलाना।

16. ब्रांच एवं कम्पनी में इमर्जेंसी रिस्पांस टीम तथा प्लान बनाना।

17. ब्रांच से सम्बन्धित सभी कानूनी एवं फाइनेंशियल डाक्यूमेण्ट रखना।

18. ब्रांच आफिस एवं कर्मचारियों का बेहतरीन मैनेजमेण्ट करना।

19. हेड आफिस को रिपोर्ट करना एवं दिशा-निर्देश लेना।

20. ब्रांच में सभी क्लाइण्ट्स की फाइल मेण्टेन करना।

21. सुरक्षा गार्ड से सम्बन्धित सभी डाक्यूमेण्ट ब्रांच में अपडेट रखना।

हेड आफिस की ड्यूटी

कोई भी सुरक्षा कम्पनी अपने विभिन्न ब्रांच आफिसों को एक हेड आफिस से कण्ट्रोल एवं को-आर्डीनेट करती है, जहाँ पर कम्पनी के मालिक एवं उच्चाधिकारी बैठते हैं तथा कम्पनी की पूरे देश में चल रही एक्टिविटी पर नजर रखते हैं एवं उचित दिशा-निर्देश दिये जाते हैं। इसके अलावा हेड आफिस में कम्पनी का मार्केटिंग/फाइनेंस एवं पर्सनल/एचआर विभाग भी होता है। कम्पनी को एक चीफ आपरेटिंग आफीसर सीओओ रीजनल एवं ब्रांच मैनेजर की मदद से चलाता है।

हेड आफिस के कुछ कार्य निम्नलिखित हैं-

1. सेण्ट्रेलाइजड कम्प्यूटीकृत सिस्टम से सभी गार्डों की सैलरी बनाना एवं ब्रांच के द्वारा गार्डों की समय पर सैलरी देना।

2. ब्रांच आफिस से समय पर सभी क्लाइण्ट्स को बिल देना तथा पेमेण्ट चैक हासिल करना तथा कम्पनी का कैशफ्लो बनाये रखना।

3. सभी गार्ड्स एवं अन्य कर्मचारियों का पूरा रिकार्ड रखना एवं ईएसआईसी, पीएफ, बोनस, ग्रेच्यूअटी आदि का भुगतान करना।

4. नये गार्ड एवं अन्य कर्मचारियों की भर्ती एवं सैलरी टाइम पर देना तथा कम्पनी की प्रमोशन पालिसी आदि बनाना।

5. ऊच्चतम स्तर पर क्लाइण्ट कम्पनी से मेलजोल रखना।

6. हेड मार्केटिंग एवं उनकी टीम द्वारा नये काण्ट्रेक्ट हांसिल करना तथा ब्रांच तथा रीजनल आफिस द्वारा उन्हें लगाना।

7. कम्पनी का प्राफिट मार्जिन बढ़ाना एवं नये अन्य ब्रांच तथा रीजन में अपना व्यापार बढ़ाना।

8. कम्पनी की पालिसी बनाना एवं मर्जर तथा एग्वीजीशन आदि से कम्पनी की बाजार में हिस्सेदारी बढ़ाना।

9. नये बिजनेस में कम्पनी का मुनाफा लगाना एवं कम्पनी की ग्रोथ प्रोजेक्टरी बढ़ाना।

10. यदि कम्पनी प्राइवेट है, तो उसे लिमिटेड करके ज्यादा फाइनेंस हासिल करना तथा बिजनेस में लगाना।

11. कम्पनी के सुरक्षा गार्डों के मनोबल को बढ़ाना एवं उनकी परेशानियाँ हल करना।

जैसा कि हमने पिछले अध्याय में देखा कि सुरक्षा गार्ड एवं अन्य सुरक्षा अधिकारियों की सामान्य सुरक्षा ड्यूटी क्या है। परन्तु सुरक्षा गार्ड की ड्यूटी विभिन्न तरह के संस्थानों में थोड़ी फेर-बदल होती रहती है तथा उसके अनुसार आपको विशेष ट्रेनिंग दी जाएगी।

विशेष संस्थान जहाँ पर सुरक्षा गार्ड की ड्यूटी लगती है, निम्नलिखित हैं। हालाँकि प्रत्येक संस्थान की विशेष खासियत सुरक्षा ड्यूटी के सन्दर्भ में यहाँ बताना जरूरी नहीं है अपितु सुरक्षा गार्ड की ड्यूटी के सिद्धान्त लगभग समान ही हैं एवं सुरक्षा गार्ड की नौकरी हासिल करने के बाद आपको इसका ज्ञान हो जाएगा।

ये कुछ संस्थान निम्नलिखित हैं–

1. मैन्यूफैक्चरिंग प्लाण्ट- बड़े एवं छोटे की सुरक्षा।
2. होटल एवं मोटल की सुरक्षा।
3. रिटेल, माल, शाप एवं अन्य दुकानों की सुरक्षा।
4. हवाई अड्डे की सुरक्षा/ कारगो टर्मिनल की सुरक्षा।
5. स्कूल, कालेज एवं यूनिवर्सिटी की सुरक्षा।
6. बड़े एवं छोटे हास्पिटल की सुरक्षा।
7. बड़े कैम्पस की सुरक्षा।
8. ऊँची इमारतों की सुरक्षा।
9. बड़ी रेजीडेंशियल कालोनी की सुरक्षा।
10. बैंक एवं अन्य आफिसों की सुरक्षा।
11. एटीएम की सुरक्षा।
12. मोबाइल टावर्स की सुरक्षा।
13. घर एवं गोदामों की सुरक्षा।
14. रेस्तराँ एवं अन्य दुकानों की सुरक्षा।

15. सिनेमा हाल, माल, रेलवे स्टेशन सड़क एवं गाड़ियों की सुरक्षा।
16. बीपीओ एवं आईटी आफिसों की सुरक्षा।
17. इवेण्ट एवं अन्य समारोहों की सुरक्षा।
18. पेट्रोल ड्यूटी आदि।

❑❑❑

अध्याय–3

सुरक्षा की ट्रेनिंग

इस अध्याय में सुरक्षा गार्ड को सुरक्षा के विभिन्न पहलुओं पर ट्रेनिंग दी जाएगी, ताकि आप अपने काम को बेहतर तरीके से जानें एवं उसे कर सकें। सबसे पहले आपको समझना होगा कि इण्डस्ट्रियल सुरक्षा की परिभाषा क्या है एवं अपराध रोकने की विधि क्या है? इण्डस्ट्रियल अर्थात् औद्योगिक सुरक्षा में अपराध रोकने की परिधि निम्नलिखित है–

इसमें अपराध की सम्भावना, पहचान एवं समझना तथा इस तरह प्रबन्ध करना कि अपराधों को खत्म या कम किया जा सके।

अतः औद्योगिक सुरक्षा की परिभाषा में हम कह सकते हैं कि कुछ इस तरह का रिश्ता उद्योगों में कार्य करने वालों के बीच कायम करना कि यह उद्योगों को वास्तविक, सम्भावित एवं आन्तरिक तथा बाहरी खतरों तथा अपराधों से बचा सके। यही सुरक्षा गार्ड का मुख्य कार्य है।

सुरक्षा के दो मुख्य सिद्धान्त हैं जिसमें–

1. सूचना – जानकारी एवं सही खबर।
2. इसका कण्ट्रोल करना।

सूचना का महत्व, सुरक्षा के सन्दर्भ में सबसे ज्यादा है, क्योंकि इसी से हम सही सुरक्षा बन्दोबस्त, सही समय पर कर सकते हैं।

दूसरा अहम् पहलू है जानकारी। अतः सुरक्षा से सम्बन्धित जानकारी वास्तविक, भरोसेमन्द, जरूरत अनुसार एवं पूरी होनी चाहिए। सुरक्षा अधिकारी इस सूचना एवं जानकारी का विश्लेषण करके खतरे का सही आकलन कर सकते हैं। परन्तु ध्यान रहे कि यह विश्लेषण एवं इससे प्राप्त जानकारी केवल

उन्हीं सुरक्षाकर्मी एवं अधिकारी को दी जाये, जिनको इसकी जरूरत है एवं पूरा ख्याल रखा जायें कि यह सूचना/जानकारी गलत व्यक्ति को न पहुँच सके, जो कि इसका दुरुपयोग कर सकता है। अत: सुरक्षा से सम्बन्धित जानकारी को सही तरीके से इस्तेमाल करने की काबिलियत सुरक्षाकर्मी में होनी चाहिए एवं इसे सीक्रेट रखना चाहिए अन्यथा इस जानकारी का उपयोग सही तरह से खतरे से निपटने में नहीं किया जा सकता। चाहे वह किसी भी तरह की औद्योगिक सुरक्षा हो।

सुरक्षा का दूसरा मुख्य सिद्धान्त है- प्राप्त जानकारी को सही तरह इस्तेमाल करके खतरे को रोकना अर्थात कण्ट्रोल से प्राप्त सूचना एवं जानकारी के आधार पर सुरक्षाकर्मियों को सही तरह, जगह एवं समय पर लगाकर खतरे को रोकना। सुरक्षा का मुख्य कार्य यही है। अत: सुरक्षा के इन दोनों मुख्य सिद्धान्तों के अनुसार कार्य करने पर तथा अन्दरूनी एवं बाहरी खतरों को रोकने का कार्य सुरक्षाकर्मियों की प्राथमिक भूमिका है। परन्तु इस कार्य को करने के लिए विशेष ट्रेनिंग की जरूरत होती है, जिसके बारे में आपको आगे विस्तार से बताया किया जाएगा।

सबसे पहले आपको औद्योगिक संगठन एवं औद्योगिक यूनिट के बारे में जानकारी होना आवश्यक है, जहाँ कि आपको सुरक्षा ड्यूटी पर लगाया जाएगा। अत: सर्वप्रथम आपको इसके बारे में नीचे जानकारी दी जाएगी जिससे कि आप अपने काम करने की जगह एवं इसके संगठन के बारे में जान सकें।

हमारे देश में दो तरह के औद्योगिक संगठन हैं। प्रथम- केन्द्रीय अथवा राज्य सरकारों द्वारा चलाये जाने वाले औद्योगिक संस्थान जैसे कि बीएचईएल (भारत हैवी इलेक्ट्रिकल लिमिटेड), एनटीपीसी (नेशनल थर्मल पावर कारपॉरेशन), एचएएल (हिन्दुस्तान एयरोनाटिक्स लिमिटेड), डीआरडीओ (डिफेंस रिसर्च एवं डेवलपमेण्ट आर्गेनाईजेशन) आदि। यह संस्थान मुख्य रूप से रक्षा एवं अन्य हैवी उद्योगों में हैं। इन उद्योगों को पब्लिक अर्थात् सरकारी उद्योग कहा जाता है।

दूसरे- अन्य प्राइवेट उद्योग जैसे कि कार बनाने के कारखाने, मेटल आदि के प्लाण्ट, रोजाना उपयोग की वस्तुएँ जैसे–चाय, साबुन, दवाइयाँ, भोजन, एवं अन्य घरेलू सामान बनाने के कारखाने जिन्हें कि एफएमसीजी अर्थात् फास्ट मूविंग कंजूमर गुड्स कहा जाता है। बीपीओ/आईटी अर्थात् कम्प्यूटर साफ्टवेयर

के संस्थान, इलेक्ट्रानिक सामान बनाने के कारखाने, सीमेण्ट एवं लोहा आदि घर के सामान बनाने के कारखाने एवं कई अन्य इसी तरह के उद्योग जो कि प्राइवेट कम्पनी द्वारा चलाये जाते हैं, इन्हें 'प्राइवेट लिमिटेड कम्पनियाँ' कहा जाता है एवं मुख्य रूप से एमएनसी अर्थात् मल्टीनेशनल कम्पनियाँ जो कि दुनिया के कई देशों में व्यापार करती हैं इसी के अन्तर्गत आती हैं।

इन दोनों तरह के उद्योगों, पब्लिक एवं प्राइवेट में काफी अन्तर है। जहाँ पर कि पब्लिक अर्थात् सरकारी उद्योग अच्छी स्थिति में नही हैं तथा रेड-टेप अर्थात् सरकारी बाबुओं तथा करप्शन का बोल बाला है। इन उद्योगों में नौकरी तो सरकारी होती है, पर तनख्वाह अर्थात् पैसा अच्छा नहीं मिलता है तथा भर्ती में भी काफी धांधली होती है। इसके अलावा सुरक्षा गार्ड की नौकरी के लिहाज से भी यहाँ अवसर काफी कम है, क्योंकि ज्यादातर सरकारी उद्योगों की सुरक्षा सीआईएसएफ अर्थात् सेण्ट्रल इण्डस्ट्रियल सिक्योरिटी फोर्स करती है। अतः इस सरकारी क्षेत्र में सुरक्षा गार्ड को काफी कम अवसर है।

दूसरी ओर प्राइवेट अर्थात् गैर सरकारी उद्योग चूँकि हमेशा मुनाफा कमाने के उद्देश्य से काम करते हैं एवं मुनाफा कमाते भी हैं। इस मुनाफे का हिस्सा कर्मचारियों तक भी बोनस एवं तनख्वाह बढ़ने के रूप में हासिल होता है। इन उद्योगों में चूँकि सरकारी संस्थाएँ सुरक्षा नहीं देती हैं, अतः ये हमेशा प्राइवेट सुरक्षा एजेंसियों से सुरक्षा सेवाएँ हासिल करते हैं। अतः सुरक्षा गार्ड की नौकरी के सर्वाधिक अवसर आपको इन्हीं संस्थानों में हासिल होते हैं।

इस औद्योगिक यूनिट का कार्यभार बोर्ड आफ डायरेक्टर्स द्वारा संचालित किया जाता है एवं इनमें एमडी अर्थात् मैनेजिंग डायरेक्टर होता है जो कि कम्पनी का रोजमर्रा का कार्य देखता है। हमारे शरीर की तरह ही इनका दिमाग (बोर्ड आफ डायरेक्टर्स एवं मैनेजिंग डायरेक्टर का) होता है तथा हमारे शरीर के काम के अंगों जैसे हाथ, पाँव इत्यादि की तरह कम्पनी के विभिन्न हिस्से होते हैं जो कि अलग-अलग काम करते हैं। साधारणतः कम्पनी का संगठन निम्नलिखित प्रकार का होता है-

(1) बोर्ड आफ डायरेक्टर्स

(2) मैनेजिंग डायरेक्टर

मैनेजर हैड - मैनेजर हैड - मैनेजर हैड - मैनेजर हैड - मैनजर - मैनेजर हैड

खरीद/फरोख्त - फाइनेंस - ट्यूमन रिसोसर्स - आपरेशन - सेल्स - एडमिन

अन्य कर्मचारी - अन्य कर्मचारी - अन्य कर्मचारी - अन्य कर्मचारी - अन्य कर्मचारी - एवं सुरक्षा एवं एडमिन।

सुरक्षा विभाग का कार्य मुख्यतः हेड ह्यूमन रिसोर्स के नीचे मैनेजर एडमिन देखता है, जिसके नीचे कम्पनी का एक सुरक्षा अधिकारी होता है। वह सुरक्षा एजेंसी के साथ मिलकर सुरक्षा का कार्य कम्पनी में देखता है। अतः सुरक्षा गार्ड को दो जगह कम्पनी के अधिकारी एवं सुरक्षा कम्पनी के अधिकारियों को रिपोर्ट करना होता है।

सुरक्षा गार्ड की ट्रेनिंग का सबसे अहम हिस्सा है, उद्योगों एवं अन्य क्लाइण्ट कम्पनी में हो सकने वाले अपराधों के बारे में एवं इन्हें रोकने के तरीके के बारे में जानना आइए! इस महत्वपूर्ण विषय पर रोशनी डालें।

थेफ्ट यानी चोरी

सुरक्षा गार्ड का सबसे अहम कार्य है—कम्पनी में होने वाली चोरी को रोकना। इसके लिए ही सुरक्षा गार्ड को नौकरी एवं तनख्वाह मिलती है। चोरी रोकने में सबसे कारगर उपाय है तलाशी। इसलिए सुरक्षा गार्ड को तलाशी लेने का तरीका आना चाहिए। आइए! आपको तलाशी लेने की विधि एवं तरीके के बारे में जानकारी दें। सर्वप्रथम शरीर की तलाशी लेने के लिए व्यक्ति के सामने सीने से अपने दोनों हाथों को फिरायें एवं ऊपरी जेबों पर हाथ से महसूस करें कि कोई सामान तो नहीं है। इसके बाद हाथ कमर की तरफ लायें एवं बेल्ट को टटोलें तथा पीछे एवं आगे की जेबों पर दोनों हाथों से टटोलें एवं सन्दिग्ध सामान को महसूस करें। फिर दोनों हाथों से जाँघ एवं पैरों तक टटोलें। जूतों पर ध्यान दें एवं मोजों तक हाथ से टटालें। इसके बाद व्यक्ति को पीछे की तरफ मोड़ कर दोनों हाथों से कन्धे से नीचे पैर तक टटोलें। आपका ध्यान मुख्यतः शर्ट एवं पैण्ट की आगे-पीछे की जेबों तथा बेल्ट एवं मोजों पर होना चाहिए। किसी भी मोटी एवं असामान्य वस्तु का

अहसास होने पर जेबें, जूते, मोजे आदि खाली करवा कर उसकी जाँच करें। इस काम में ज्यादातर आपकी मदद हैड हेल्ड मेटल डिटेक्टर कर सकता है, जो कि शरीर में छुपी किसी भी धातु की वस्तु को पकड़ने पर लगातार बीप की आवाज निकालता है एवं आप उस जगह की तलाशी लेकर सन्दिग्ध सामान एवं व्यक्ति को पकड़ सकते हैं।

इसी तरह व्यक्ति के सामान हैंड बैग, झोला, टिफिन, प्लास्टिक, पर्स, बेल्ट इत्यादि की तलाशी लेना चाहिए। सुरक्षा गार्ड लगभग हर आने जाने वाले व्यक्ति की तलाशी नहीं ले सकता, इसलिए आपकी नजर तेज होनी चाहिए एवं आपको ध्यान देना चाहिए कि कौन व्यक्ति तलाशी से पहले घबरा रहा है या उसे पसीना आ रहा है या वह डर रहा है, क्योंकि यह साधारण मनोविज्ञान है कि चोर की दाढ़ी में तिनका। इस तरह आप सन्दिग्ध व्यक्ति को पहचान सकते हैं एवं उसकी पूरी तलाशी ले सकते हैं, जबकि सामान्य व्यवहार वाले व्यक्तियों की थोड़ी तलाशी पर ही आप उन्हें जाने के लिए कह सकते हैं। तलाशी लेना एक कला है एवं सुरक्षा गार्ड को इसमें पारंगत होना बहुत जरूरी है। ध्यान दें तलाशी लेते वक्त आपका व्यवहार नम्र किन्तु सख्त होना चाहिए।

असाल्ट अर्थात् शरीरिक हमला-

सुरक्षा गार्ड की आपकी ड्यूटी के दौरान आपको कई बार कर्मचारियों की आपस की लड़ाई में एवं शायद आप पर भी शरीरिक हमला हो सकता है। अत: आपको इससे सावधान रहना चाहिए एवं इसे रोकने के लिए कभी अकेले न जायें, परन्तु साथी गार्ड के साथ हमलावर को बिना चोट पहुँचाये हाथ पकड़कर पीछे की तरफ मोड़ कर काबू में करें तथा अपने अधिकारियों को तुरन्त सूचना दें।

राबरी अर्थात् लूट की घटना-

लूट की घटना अक्सर कर्मचारियों को वेतन मिलने के दौरान होती है एवं इसमें हथियार दिखा कर या हमला कर एवं छीन कर व्यक्ति का पैसा एवं अन्य कीमती सामान लेने की कोशिश हमलावर करते हैं। इस घटना से निपटने के लिए सुरक्षा गार्ड को कर्मचारियों को चन्द अहम् बातें समझाना चाहिए जैसे ज्यादा पैसा या सामान एक साथ लेकर न चलें, 2-3 आदमी के ग्रुप में

चलें, रात के वक्त या सुनसान जगह पर पैसा ले कर न जायें एवं मुख्यतः हथियारबन्द लुटेरों से संघर्ष न करें। इससे आपकी जान को खतरा हो सकता है। लुटेरों को पहचानने की कोशिश करें। जैसे–उनकी आवाज, उम्र, रंग, नाक नक्श, गाड़ी का नम्बर, हथियार इत्यादि जो कि बाद में आप पुलिस को बता सकते हैं एवं इससे लुटेरों को पकड़ने की सम्भावना बढ़ जाती है।

आरसन- अर्थात् आगजनी की घटना-

सुरक्षा गार्ड की आपकी ड्यूटी के दौरान हो सकता है कि वर्कर या बाहरी गुण्डे कम्पनी में तोड़–फोड़ अथवा आग लगाने की कोशिश करें। इसके लिए आपको अक्सर पहले से ही सुरक्षा अधिकारियों द्वारा कम्पनी में तनाव की जानकारी दी जाती है। आगजनी से बचने के लिए कम्पनी के सभी द्वार बन्द रखें एवं ज्यादा संख्या में गार्ड मुख्य गेट पर या सम्भावित हमले के स्थान पर बैटन तथा गनमैन के साथ पहले से ही उपस्थित रहें तथा उत्पातियों को चेतावनी देकर उन्हें आगजनी से रोकें। जरूरत पड़ने पर हवाई फायर करें। पहले से ही स्थानीय थाने को सूचित करें तथा सीधे तौर पर उपद्रवियों से न भिड़ें एवं न ही उन्हें उत्तेजित करें। आग लगने पर फायर ब्रिगेड को बुलायें एवं स्वयं ही आग बुझाने की कोशिश फायर एक्टेग्विशर से करें।

क्वेरलस अर्थात् सामान्य झगड़े-

सुरक्षा गार्ड की अपनी ड्यूटी के दौरान आपको कई बार कर्मचारियों एवं अन्य झगड़ों को शान्त करना एवं सँभालना पड़ेगा। अतः ध्यान रहे कि जिस कर्मचारी की गलती है, उसे भीड़ से अलग ले जायें तथा अन्य लोगों को तितर–बितर करके शान्त कर दें। उन्हें आश्वासन दें कि गलती की सजा दी जाएगी एवं तुरन्त अपने अधिकारियों को सूचित करें। झगड़े में स्वयं को शामिल न करें तथा अकेले के बजाय ज्यादा गार्ड्स की सहायता लें।

बैण्डेलिज्म- अर्थात् तोड़-फोड़ की घटना-

कई बार कम्पनी में कुछ कारणों से कर्मचारी तोड़–फोड़ की घटना को अंजाम देते हैं एवं कभी–कभी कम्पनी के बाहर भी उपद्रवी तत्त्व तोड़–फोड़ करने पर उतारू होते हैं। सुरक्षा गार्ड के तौर पर आपको इन घटनाओं से निपटना

होगा। इसलिए तोड़-फोड़ करने वालों को ज्यादा संख्या में गार्ड्स लेकर काबू में करें। उनके द्वारा तोड़े गये सामान की लिस्ट बनाकर अपने अधिकारियों को दें तथा यदि ज्यादा लोग हों तो पुलिस में कम्प्लेण्ट करें।

डकैती- अर्थात् हथियार के दम पर लूटपाट की घटना-

हालाँकि कम्पनी के सन्दर्भ में डकैती की घटना कम होती है, परन्तु फिर भी यदि कम्पनी कोई मूल्यवान वस्तु बनाती है या कभी कम्पनी में ज्यादा कैश होता है, खास तौर पर पेमेण्ट के समय, तो डकैती का खतरा बना रहता है। इससे बचने का बेहतरीन उपाय है, रात में कम्पनी के दरवाजे बन्द रखना एवं किसी को अन्दर आने न देना। यदि गनमैन हो तो डकैतों को डराने के लिए हवाई फायर करना एवं तुरन्त पुलिस एवं कण्ट्रोल रूम को सूचना देना।

मर्डर- अर्थात् हत्या की घटना

यदि हत्या की घटना सुरक्षा गार्ड के सामने हो, तो उसे पूरा अधिकार है कि वह हत्यारे पर काबू करने के लिए हेडलीफोर्स का इस्तेमाल कर सकता है। इसके अलावा तुरन्त पुलिस को सूचना देना तथा लाश के साथ एवं उस जगह पर किसी को भी न जाने देना एवं भीड़ न लगने देना गार्ड का कार्य है, क्योंकि वहाँ से पुलिस सबूत इकट्ठा करती है।

ईव-टीजिंग- अर्थात् महिलाओं के साथ छेड़-छाड़-

कम्पनी में कार्य करने वाली महिलाओं के साथ छेड़-छाड़ की घटना रोकना एवं रिपोर्ट करना सुरक्षा गार्ड की अहम् जिम्मेदारी है। इसलिए कम्पनी में पालिसी के तहत कर्मचारियों को जानकारी देनी चाहिए कि इस प्रकार की घटनाएँ सहन नहीं की जाएँगी एवं दण्ड दिया जाएगा। इसके अलावा लेडी गार्ड्स को इन्हें रोकने की जिम्मेदारी दी जाती है तथा महिला थाने में इसकी शिकायत दर्ज की जानी चाहिए।

रेप अर्थात् बलात्कार की घटना-

सुरक्षा गार्ड को महिलाओं की सुरक्षा पर विशेष ध्यान देना होता है एवं उसे

महिला कर्मचारियों को जागरूकता देनी चाहिए ताकि उन पर रेप की नौबत न आये एवं सस्पेक्ट को पहले ही धर दबोचा जाये। इस तरह की घटना होने पर तुरन्त पुलिस को सूचित करना चाहिए ताकि वे आगे की समुचित कार्यवाही करें एवं सुरक्षा गार्ड को जहाँ तक सम्भव हो सके बलात्कारी को पकड़ कर पुलिस के हवाले करना चाहिए।

प्रास्टीट्यूशन- अर्थात् देह व्यापार-

कई बड़ी कम्पनियाँ ज्यादातर दूर-दराज के इलाकों में होती हैं एवं अधिकतर कर्मचारी अपना परिवार एवं पत्नी अपने साथ नहीं रख पाते। अतः ऐसे इलाके में देह व्यापार की सम्भावना बनी रहती है। इसलिए सुरक्षा गार्ड के लिए यह जरूरी है कि वह इसके बारे में पता लगाये एवं अपने अधिकारियों को सूचित करे।

पिक-पाकेटिंग- अर्थात् जेबकतराशी-

सुरक्षा गार्ड को जेबकतरों से सावधान रहना चाहिए एवं कर्मचारियों को सलाह देनी चाहिए कि वे ज्यादा पैसा लेकर बस आदि में यात्रा न करें। ऐसी घटनाओं की जाँच एवं सूचना पुलिस में गार्ड को देनी चाहिए।

सोडोमी अर्थात् समलैंगिक अपराध-

कम्पनियों की ज्यादातर वर्क फोर्स अर्थात् कर्मचारी युवा अवस्था के होते हैं एवं अधिकतर अपने गाँव एवं परिवार से दूर लम्बे वक्त तक कम्पनी में काम करते हैं। अतः सम्भव है कि उनमें से कुछ समलैंगिक सम्बन्ध बना लें। हालाँकि यह अब जुर्म नहीं रहा, यदि मर्जी से किया गया हो, परन्तु जबरदस्ती समलैंगिक सम्भोग करना अपराध है एवं इसकी जाँच की सूचना पुलिस को देनी चाहिए।

ड्रग्स ऐडिक्शन- अर्थात् ड्रग्स लेने की आदत-

यह सुरक्षा गार्ड का एक अहम कार्य है कि वह कम्पनी के अन्दर एवं बाहर भी किसी भी कर्मचारी को शराब, चरस, भांग, गांजा, हेरोइन यहाँ तक कि

बीड़ी, सिगरेट, गुटका इत्यादि का सेवन न करने दे एवं न ही यह सामग्री कम्पनी के अन्दर जाने दे। यदि कोई कर्मचारी पकड़ा जाये, तो उसकी सूचना कम्पनी के अधिकारियों को तुरन्त दें।

मनी लैंडिंग- अर्थात् उधार लेने की आदत-

सुरक्षा गार्ड को चाहिए कि न तो वे और न ही कोई अन्य कर्मचारी उधार लेने-देने में सम्मिलित हो। इससे कई तरह की समस्याएँ उत्पन्न होती हैं। जिनमें झगड़ा तथा ड्रग्स लेना मुख्य है। इस तरह के कार्यों की सूचना कम्पनी के अधिकारियों को देनी चाहिए।

ऐम्बेजलमेण्ट- अर्थात् कम्पनी के खातों एवं सामान की धोखाधड़ी-

सुरक्षा अधिकारी एवं गार्ड्स के लिए यह एक बहुत अहम् जिम्मेदारी है कि वह कम्पनी से किसी भी प्रकार की आर्थिक धोखाधड़ी का पता लगायें एवं उच्चतम अधिकारी तक तुरन्त सूचना दें। सुरक्षा गार्ड्स के सन्दर्भ में स्कैप अर्थात् कबाड़ की बिकवाली में अक्सर धोखाधड़ी की जाती है, जिससे कम्पनी के कर्मचारी सुरक्षा गार्ड को भी शामिल करने की पूरी कोशिश करते हैं, क्योंकि ज्यादातर जगह कबाड़ की लोडिंग में सुरक्षा गार्ड को लगाया जाता है। अतः सुरक्षा गार्ड को अपनी ईमानदारी रखनी चाहिए एवं इसकी सूचना अपने अधिकारियों को देनी चाहिए।

पिलफ्रेज- अर्थात् छोटी-मोटी लगातार चोरियाँ-

पिलफ्रेज यानि की छोटी-मोटी चोरियाँ। हालाँकि ऐसा लगाता है कि किसी बड़ी कम्पनी में छोटी-मोटी चोरी होना महत्वूपर्ण नहीं है। परन्तु वास्तविकता इससे एकदम अलग है। इन चोरियों के लगातार होने से कम्पनी का नुक्सान किसी भी बड़ी चोरी से कई गुना ज्यादा होता है। अतः सुरक्षा गार्ड को लगातार चौकसी रखनी होती है एवं किसी भी छोटी चोरी को छुपाया, छोड़ा या नजरअन्दाज नहीं करना चाहिए एवं इस पर लगातार काबू पाना चाहिए। कई बार चोर सेंध लगाकर लगातार इस तरह की चोरी करते रहते हैं, जिनमें, कापर वायर, छोटे उपकरण आदि की चोरी होती है।

कम्पनी के सामान एवं सूचना की सुरक्षा

एक कम्पनी में कई तरह की मशीन, रा मटेरियल, तैयार मैटेरियल, बिल्डिंग मैटेरियल एवं अन्य कई छोटे-मोटे सामान होते हैं। इन सामानों की सुरक्षा गार्ड की अहम् जिम्मेदारी होती है। सुरक्षा गार्ड के लिए ध्यान रखने की बात है कि कम्पनी के सामान की चोरी अक्सर कर्मचारियों की मिली-भगत से ही होती है। अतः उसे यह मिली भगत पहले तो बनने ही नहीं देनी चाहिए अथवा इसे जल्दी से जल्दी पकड़ कर इसे तोड़ना एवं टोकना चाहिए। इसके लिए सुरक्षा नियम एवं अन्य प्रावधान किये जाते हैं, जैसे कि चालान, गेटपास, रिटर्नेबल एवं नान रिटर्नेबल चालान, कम्पनी के सामान की लिस्ट एवं इनवेण्ट्री कण्ट्रोल आदि।

इसके अलावा कम्पनी में कई अन्य नाजुक सामान होते हैं जो कि कम्पनी को नुक्सान पहुँचा सकते हैं अतः इनकी सुरक्षा की जिम्मेदारी भी सुरक्षा गार्ड की होती है। इन कुछ सामान की लिस्ट नीचे दी गयी है।

1. आर्म एण्ड एम्यूनिशन- हथियार एवं गोला बारूद।
2. विस्फोटक पदार्थ।
3. कई तरह के संवेदनशील कैमिकल।
4. मिनरल एवं मेटल्स।
5. तेल, डीजल, पेट्रोल आदि।
6. पेण्ट, सैम्पल एवं अन्य ज्वलनशील पदार्थ।
7. स्पेशल फार्मूला, मैप ड्राइंग, कम्पनी सीक्रेट फार्मूले इत्यादि।
8. कम्पनी के महत्वपूर्ण एवं संवेदनशील रिकार्ड्स।
9. महँगे इलेक्ट्रानिक सामान।
10. तैयार एवं रेडी गुड्स, सामान।
11. कच्चा माल, गैस सिलेण्डर इत्यादि।

सुरक्षा गार्ड कम्पनी के ऊच्चाधिकारियों के लिए आँख, कान एवं नाक की तरह कार्य करते हैं, अतः सुरक्षा गार्ड द्वारा कम्पनी के किसी कर्मचारी की गलत हरकत को मैनेजमेण्ट तक पहुँचाना सुरक्षा गार्ड का कार्य है, परन्तु

इस बात का ख्याल रखना भी जरूरी है कि उस व्यक्ति को पता न लगे। अन्यथा वह सुरक्षा गार्ड्स से दुश्मनी का भाव रखने लगेगा।

फिजिकल सिक्योरिटी

एक सुरक्षा गार्ड के रूप में आपको जानकारी होनी चाहिए कि फिजिकल सिक्योरिटी का क्या मतलब है। इसका साधारण-सा मतलब है कि कम्पनी को चलाने के लिए सेफ एवं सिक्यूर माहौल प्रदान करना एवं किसी बाहरी व्यक्ति को कम्पनी में अनधिकृत रूप से दाखिल न होने देना तथा प्लाण्ट की सुरक्षा बरकरार रखना।

आइए! फिजिकल सिक्योरिटी की चन्द बातों पर प्रकाश डालें। फिजिकल सिक्योरिटी का मतलब है—कर्मचारियों को मौसम की मार से बचाना। जैसे कि- धूप, बरसात, तूफान, धुआँ, बर्फ, तेज आवाजें आदि ताकि कर्मचारी अपना कार्य बिना विघ्न या झंझट के कर सकें। इसके अलावा प्लाण्ट में किसी भी अनधिकृत व्यक्ति के प्रवेश को रोकना, जो कि काम में व्यवधान पैदा न कर सके। अर्थात् सीधे काम की जगह न पहुँच सके। इसके लिए निम्नलिखित तीन स्तरों की सुरक्षा व्यवस्था की जाती है—

1. सुरक्षा की पहली दीवार

सुरक्षा की पहली दीवार कम्पनी की चारदीवारी होती है जो कि काफी ऊँची होनी चाहिए एवं इसके ऊपर कँटीले तार लगाने चाहिए तथा रात के वक्त इसके पास रोशनी का इन्तजाम भी होना चाहिए। इसमें कम से कम गेट होने चाहिए एवं वहाँ सुरक्षा गार्ड तैनात होने चाहिए। इसके अलावा यदि दीवार बड़ी हो, तो उस इलाके में सुरक्षा गार्ड को लगातार गश्त लगाते रहना चाहिए। आजकल कई टेक्नोलॉजी के साथ ही फेसिंग पर सीसीटीवी तथा अलार्म भी लगाये जाते हैं। फेसिंग कम्पनी के लिए सुरक्षा की पहली दीवार का कार्य करती है एवं खास तौर पर रात के समय-चोरों पर नियन्त्रण रखती है।

सुरक्षा की दूसरी दीवार

प्लाण्ट अथवा कम्पनी की बिल्डिंग की सुरक्षा की दूसरी दीवार की तरह कार्य

करती है। इसके गेट, खिड़कियाँ, दीवारें इत्यादि चोरों एवं अन्य अनधिकृत व्यक्तियों के लिए दूसरे कण्ट्रोल का कार्य करती है। विदेशों में प्लाण्ट की बिल्डिंग ब्नाने से पहले सुरक्षा अधिकारियों की राय एवं जरूरतों को ध्यान में रखा जाता है, परन्तु हमारे देश में अभी यह विचार धीरे-धीरे आ रहा है। क्योंकि बिल्डिंग बनाने में ज्यादातर पहले आपरेशनल ऐडमिनिस्ट्रेटिव एवं ऐस्थेटिक यानी की खूबसूरती पर ध्यान पहले दिया जाता है एवं सूरक्षा जरूरतों पर ध्यान सबसे आखिर में अथवा बिलकुल ही नहीं दिया जाता है, जिससे सुरक्षा सम्बन्धी समस्याएँ जैसे कि- इवेक्यूशन यानि बिल्डिंग को इमरजेंसी में खाली कराना, फायर अर्थात् आग लगने पर सुरक्षा की व्यवस्था करना, दरवाजों, खिड़की इत्यादि को चोरों के लिए मजबूत बनाना आदि उत्पन्न होती है।

सुरक्षा की तीसरी दीवार

इसमें बिल्डिंग के भीतर की संरचना, आलमारी, वाल्ट, तिजोरी, डेस्क, सेफ आदि की जगह, उनकी आग सहने की क्षमता, मजबूती आदि का ध्यान रखा जाता है, जिससे चोरों को आसानी से प्रवेश न मिल सके। इसके अलावा इमारत में अलार्म लगाये जाते हैं, बाहर खुले इलाके में कुत्ते छोड़े जाते हैं। गेट पर सुरक्षा गार्ड होते हैं एवं बिल्डिंग के अन्दर भी सुरक्षा गार्ड रात के समय होते हैं। गेट पर इलेक्ट्रानिक ऐम्सेस कण्ट्रोल लगाये जाते हैं। सीसीटीवी एवं अन्य उपकरण सुरक्षा की दृष्टि से लगाये जाते हैं।

इस तरह से हमने देखा कि किसी बड़े प्लाण्ट की फिजिकल सुरक्षा के ये तीन स्तर होते हैं, जिन्हें फर्स्ट, सेकेण्ड एवं थर्ड लाइन आफ डिफेंस कहते हैं। सुरक्षा गार्ड को इनकी जानकारी होनी चाहिए। हालाँकि वह मेन गेट एवं फसिंग पर ड्यूटी करता है, परन्तु उसका रोल तीसरी सुरक्षा की दीवार में होता है न कि पहली में, जैसा कि आम तौर पर समझा जाता है कि सुरक्षा गार्ड-सुरक्षा की पहली दीवार होता है, परन्तु वास्तविकता में सुरक्षा गार्ड सुरक्षा की तीसरी सतह में आता है। परन्तु यह भी सच है कि सुरक्षा की ये तीनों दीवारें बेजान हैं एवं व्यक्तियों में फर्क नहीं कर सकती। केवल सुरक्षा गार्ड ही इन दीवारों के साथ मिल कर प्लाण्ट को पूरी सुरक्षा प्रदान कर सकता है, इसलिए उसका रोल बहुत ही अहम है।

कम्पनी की सुरक्षा व्यवस्था एवं संगठन

सुरक्षा गार्ड के रूप में आपको विभिन्न तरह की कम्पनियों में कार्य करना पड़ता है एवं हर कम्पनी की अपनी अलग तरह की जरूरत होती है एवं उसी के अनुसार सुरक्षा गार्डों को संगठित किया जाता है। इस संगठन में विभिन्न कम्पनियों का निम्नलिखित बातों का प्रभाव होता है।

1. कम्पनी के उत्पाद एवं उनकी विशेषता की वजह से।

2. कम्पनी प्लाण्ट की लोकेशन के अनुसार।

3. कम्पनी के आस-पास की आबादी एवं अपराधियों के अनुसार।

4. कम्पनी पब्लिक है या प्राइवेट इसके अनुसार।

5. कम्पनी में हिंसा एवं अन्य परेशानियों के अनुसार।

6. कम्पनी के आकार एवं क्षेत्र के अनुसार।

7. कम्पनी की कार्य प्रणाली के अनुसार।

8. प्राकृतिक रोगों जैसे नदी, पहाड़ इत्यादि के अनुसार।

9. सुरक्षा के उपकरण जैसे सीसीटीवी, अलार्म इत्यादि को संचालित करके।

कम्पनी में सुरक्षा गार्डों का संगठन सुरक्षा एजेंसी लगभग पुलिस अथवा अर्द्धसैनिक बलों के संगठन की तरह करती है एवं उसी तरह रैंक, रिपोर्टिंग, यूनिफार्म आदि देती है।

कम्पनी सुरक्षा एजेंसी एवं उसके सुरक्षा गार्डों की जिम्मेदारी संगठन एवं शक्तियों आदि को अपने काण्ट्रेक्ट में लिखित में देती है, जिसमें पूरे विस्तार से दोनों कम्पनियों की कार्यप्रणाली, फाइनेंस, मैनपावर, जिम्मेदारी इत्यादि की कानूनी बाध्यता होती है।

सुरक्षा कम्पनी यह जिम्मेदारी सुरक्षा गार्ड को दो तरह से ड्यूटी देकर पूरी करती है। पहले फिक्सड पोस्ट एवं द्वितीय पेट्रोल ड्यूटी। इसके अलावा कम्पनी सुरक्षा गार्डों को जरूरत एवं क्लाइण्ट कम्पनी की विशेषताओं के अनुसार ट्रेनिंग एवं उपकरण मुहैया कराती है, जिसमें सीसीटीवी, अलार्मस, मेटल डिटेक्टर, कार चैकर, यूनिफार्म, बैटन, स्टेशनरी इत्यादि होता है।

ज्यादातर बड़ी कम्पनी में सुरक्षा कम्पनी एक अम्पाइनमेण्ट मैनेजर को लगाती है जो कि इस पूरी कम्पनी की सुरक्षा व्यवस्था देखता है तथा कम्पनी एवं सुरक्षा एजेंसी के बीच तालमेल रखता है।

डाक्यूमेण्टेशन-रिपोर्ट-रजिस्टर्स

एक कम्पनी में कई तरह को गहन कार्य होते रहते हैं एवं इन सब कार्यों का रिकार्ड एवं हिसाब रखना भी उतना ही जरूरी होता है। अत: कम्पनी में कई तरह के डाक्यूमेण्ट होते हैं। एक डाक्यूमेण्ट वह कागज या रजिस्टर होता है, जिसमें दो या दो से अधिक व्यक्तियों के बीच हुए लेन-देन आदि हिसाब एवं रिकार्ड होता है। डाक्यूमेण्ट तीन तरह के होते हैं।

1. हिस्टोरिकल अथवा पुराने रिकार्ड- यह डाक्यूमेण्ट्स वह परमानेण्ट रिकार्ड्स होते हैं, जो किसी कम्पनी को चलाने के लिए जरूरी हैं एवं जिन्हें खत्म नहीं किया जाता है- जैसे कि कम्पनी के फाइनेंशियल रिकार्ड, कम्पनी के ड्राइंग्स इत्यादि।

2. चालू या ट्रोजनेश्नरी रिकार्ड-ये वो डाक्यूमेण्ट्स होते हैं, जिन्हें एक खास समय तक रखा जाता है एवं बाद में जला दिया जाता है, क्योंकि तब वह कम्पनी के लिए जरूरी नहीं रह जाते।

3. डिसपोजेबल या एक बार यूज (प्रयोग) करने वाले रिकार्डस- ये वो रिकार्ड्स होते हैं, जिन्हें एक बार यूज (प्रयोग) करने के बाद खत्म कर दिया जाता है।

कम्पनी के कुछ अहम् रिकार्ड्स निम्नलिखित हैं–

1. अकाउण्ट बुक्स, बैंक अकाउण्ट, इंजीनियरिंग डाटा आदि।
2. इंश्योरेंस पालिसी, शेयरलिस्ट, पर्सनल रिकार्ड्स आदि।
3. लैण्ड डील, लीज डिटेल्स, लाइसेंस, मेण्टेंनेस, मैनुअल्स आदि।
4. मैन्यूफैक्चरिंग प्रोसेस डाटा, कम्पनी के नियम, कस्टमर लिस्ट आदि।
5. परचेज आर्डर्स, पे-रोल्स, इनवेण्ट्री लिस्ट आदि।
6. बोर्ड मीटिंग रिकार्ड्स, गर्वमेण्ट के रिकार्ड्स आदि।

7. सेल, परचेज रिकार्ड्स, काण्ट्रेक्ट्स, ब्ल्यूप्रिण्ट्स, ड्राईआर्डर्स आदि।

सुरक्षा गार्ड को कम्पनी के अहम् रिकार्ड्स के बारे में जानकारी होना जरूरी है ताकि वह इनकी सुरक्षा एवं मिसयूज (दुरुपयोग) को रोक सके।

इसके अलावा सुरक्षा गार्ड को सुरक्षा सम्बन्धी डाक्यूमेण्ट्स, रजिस्टर्स एवं रिपोर्ट के बारे में जानना अत्यन्त जरूरी है। सुरक्षा विभाग से सम्बन्धित डाक्यूमेण्ट्स निम्नलिखित हैं–

1. पहचान पत्र– आईडी कार्ड– कम्पनी के कर्मचारियों एवं सुरक्षा गार्ड को।

2. विजिटर बुक, विजिटर पास, विजिटर्स पहचान पत्र।

3. व्हीकल रजिस्टर्स, इन–आउट व्हीकल रजिस्टर्स।

4. मैटेरियल रिकार्ड्स, मैटेरियल इन–आउट रजिस्टर्स, रिटर्नेबल, नान रिटर्नेबल चालान, अन्य चालान, इनवाइसेस, बिल्स इत्यादि।

5. मेण्टेनेंस रिकार्ड्स, रिपेयर एवं वर्क आर्डर्स आदि।

6. सुरक्षा की डेली एवं मन्थली रिपोर्ट्स।

7. सुरक्षा कर्मचारियों की हाजिरी के रजिस्टर्स।

8. लीव, ट्रांसफर, पोस्ट बदली आदि के रिकार्ड्स।

9. सुरक्षा कम्पनी के अधिकारियों की विजिटर बुक।

10. सुरक्षा गार्ड की भर्ती के रिकार्ड्स, यूनिफार्म एवं उपकरणों के रिकार्ड्स।

11. सुरक्षा गार्ड के ईएसआई, पीएफ, बोनस आदि के रिकार्ड्स।

12. सुरक्षा के स्टैडिंग आपरेशन प्रोसीजर एसओपीएस।

13. सीक्रेट एवं कानफीडेंशियल रिपोर्ट्स एवं रिकार्ड्स।

14. कम्पनी के कर्मचारियों की गेट एण्ट्री के रिकार्ड।

सुरक्षा गार्ड को इन अहम् रिकार्ड्स की जानकारी होना जरूरी है एवं उसे इन्हें भरना तथा मेण्टेन करना भी आना चाहिए। इसके अलावा कुछ सुरक्षा एजेंसी अपने सुरक्षा गार्ड को एक छोटी–सी बुकलेट भी देते हैं, जिसमें जरूरी

बातें लिखी होती हैं। सुरक्षा गार्ड को अपने इलाके में हुई किसी घटना की जाँच रिपोर्ट एवं एप्लीकेशन इत्यादि लिखना भी आना चाहिए।

सुरक्षा जाँच इनवेस्टीगेशन

सुरक्षा गार्ड के अपने कार्य के दौरान आपको कम्पनी में हुई किसी घटना जैसे- चोरी, मारपीट या किसी कर्मचारी के बारे में जाँच करने की जिम्मेदारी दी जा सकती है। इसलिए आपको इनवेस्टीगेशन करना आना चाहिए। इसके लिए आपको निम्नलिखित बातों का ख्याल रखना होगा–

1. जाँच करने का उद्‌देश्य एवं दायरा आपको मालूम होना चाहिए।

2. जाँच में शामिल लोगों से बात करके जानना चाहिए कि वे आपकी मदद कर सकते हैं अन्यथा नहीं। अर्थात् वे लोग घटना के बारे में जानकारी रखते हैं अथवा नहीं एवं वह सूचना आपके लिए उपयोगी है या नहीं?

3. इसके बाद सन्दिग्ध लोगों से घटना के बारे में पूछताछ करें।

4. यदि कोई व्यक्ति किसी के खिलाफ आरोप लगाये, तो आरोपी को उस गवाह से क्रास क्वेश्चन करने देना चाहिए।

5. गवाहों के बयान सही तरीके से लिखने एवं साइन कराने चाहिए।

6. गवाहों के बयानों के बाद अपना निष्कर्ष एवं सलाह तथा इस तरह की घटनाओं को रोकने के लिए तरीके लिखने चाहिए।

7. ध्यान रहे कि प्राइवेट सुरक्षाकर्मी की वजह से आपको पुलिस पावर हासिल नहीं है, इसलिए आप केवल कम्पनी को अपनी राय दे सकते हैं।

8. सभी गवाहों के बयान के साथ उनके नाम, पिता का नाम, दिनांक, तथा आईडी नम्बर लिखना चाहिए एवं गवाह के साइन होने चाहिए।

9. गवाहों के अलावा अन्य सबूत जैसे कि कोई डाक्यूमेण्ट, इक्विपमेण्ट, बरामद सामान इत्यादि को एक्जिबिट के लैटर पर लिखना एवं बयान के साथ मैनेजमेण्ट को देना चाहिए।

10. अपनी रिपोर्ट में निम्नलिखित चीजों का समावेश एवं ध्यान रखना चाहिए। 1. कौन 2. कहाँ 3. क्या 4. कौन 5. क्या ऐक्शन एवं 6. क्या सहायता आपकी जाँच रिपोर्ट में–इन सब बातों का समावेश होना चाहिए।

ज्यादातर सुरक्षा जाँच आपके सुरक्षा सुपरवाइजर करते हैं, परन्तु आपको उनके साथ इनवेस्टीगेशन करना एवं रिपोर्ट बनाना आना चाहिए।

औद्योगिक हड़ताल एवं भीड़ की मानसिकता

हड़ताल के बारे में आपने अवश्य सुना होगा। परन्तु औद्योगिक हड़ताल में सुरक्षा गार्ड की अहम् भूमिका होती है। इसलिए इसके बारे में जानना एवं समझना आपके लिए बहुत जरूरी है।

औद्योगिक कर्मचारियों द्वारा हड़ताल करने के कई कारण हो सकते हैं परन्तु कुछ अहम कारण हैं–ज्यादा वेतन की माँग। बेहतर सुविधाएँ, कर्मचारियों के लिए मकान, मैनेजमेण्ट द्वारा वर्करों पर कार्यवाही, मैनेजमेण्ट एवं कर्मचारियों का काम के तरीकों के कारण झगड़ा, किसी कर्मचारी को नौकरी से अकारण निकालना एवं इसी तरह के कई अन्य कारण।

हड़ताल में ट्रेड यूनियन की अहम भूमिका होती है। आपको ज्ञात होना चाहिए कि हमारे देश में कानून द्वारा वर्करों को ट्रेड यूनियन बनाने का अधिकार हासिल है एवं कई ट्रेड यूनियन कार्यरत हैं, जिनमें प्रमुख CPICMI, CONGRESS, BJP एवं अन्य पोलिटिकल पार्टियों द्वारा समर्पित ट्रेड यूनियन। इसके अलावा कई अन्य ट्रेड यूनियन भी कार्यरत हैं। यहाँ आपको जानकारी होनी चाहिए कि कम्पनी का मैनेजमेण्ट कभी नहीं चाहता कि वर्कर्स ट्रेड यूनियन बनायें, खास तौर पर प्राइवेट एवं एनएनसी कम्पनी। परन्तु कई कम्पनियों में ट्रेड यूनियन होती भी है, जिसे मैनेजमेण्ट प्रमाणित एवं स्वीकार कर देते हैं। सुरक्षा गार्ड के बतौर आपको यह जानना जरूरी है कि आप जिस कम्पनी में ड्यूटी कर रहे हैं, वहाँ ट्रेड यूनियन है या नहीं।

वर्करों एवं मैनेजमेण्ट के बीच कोई विवाद होने पर वकरों द्वारा विरोध निम्नलिखित प्रकार होता है–

1. त्वरित हड़ताल या त्वरित वाक आउट–इसी तरह हड़ताल के कई कारण हो सकते हैं। परन्तु इसमें ऐसा कोई कारण अवश्य होता है, जिससे वर्कर तुरन्त नाराज या उत्तेजित हो जाते हैं। यह स्ट्राइक कुछ घण्टों, दिनों तक हो सकती है एवं इसमें वर्कर कम्पनी के गेट के बाहर मीटिंग करके एक मेमोरेण्डम बनाकर मैनेजमेण्ट को तुरन्त कार्यवाही के लिए देते हैं एवं इसके

बाद काम पर लौट आते हैं। इस तरह के विरोध में मैनेजमेण्ट का अहम् रोल होता है एवं टकराव की नौबत आने पर यह त्वरित हड़ताल लम्बी भी खिंच सकती है। इस तरह की हड़ताल में सुरक्षाकर्मियों एवं सुरक्षा गार्ड की अहम् भूमिका होती है एवं इसमें सुरक्षा गार्ड को कभी भी कोई ऐसी कार्यवाही नहीं करनी चाहिए जिससे वर्कर और नाराज हो जायें। सुरक्षा गार्ड्स को स्वयं पर पूरा कण्ट्रोल रखना चाहिए।

2. टूल डाउन हड़ताल- इस तरह की हड़ताल में वर्कर कुछ समय के लिए अपना काम रोक देते हैं, परन्तु अपने काम की जगह नहीं छोड़ते। इससे प्रोडक्शन पर फर्क पड़ता है एवं पहले से निश्चित समय बाद वर्कर अपना काम शुरू कर देते हैं। इस तरह की हड़ताल कम्पनी की शाप फ्लोर अर्थात् प्रोडक्शन की जगह एवं बैंक आदि में ज्यादातर होती है। सुरक्षा गार्ड को जानना जरूरी है कि इस तरह की हड़ताल में वर्करों को काम पर लाने के लिए जबरदस्ती नही करनी चाहिए एवं न ही किसी वर्कर से झगड़ा करना चाहिए अन्यथा यह बड़ी हड़ताल में बदल सकता है।

3. स्लोडाउन हड़ताल- इस तरह की हड़ताल में वर्कर अपना काम नहीं छोड़ते परन्तु प्रोडक्शन धीमा एवं कम कर देते हैं, जिससे मैनेजमेण्ट के प्राफिट (लाभ) को नुक्सान होता है। खास तौर पर यह हड़ताल तब होती है, जबकि वर्कर्स को लगता है कि कम्पनी के प्राफिट में उन्हें सही हिस्सा नहीं मिल रहा है।

4. घेराव करना- सुरक्षा गार्ड को इस तरह के विरोध के बारे में समझना जरूरी है, क्योंकि इसमें सुरक्षा गार्ड्स को बल प्रयोग करना पड़ सकता है। घेराव में वर्कर मैनेजमेण्ट के किसी खास अधिकारी को घेर लेते हैं एवं उसे उस घेरे से बाहर नहीं जाने देते और न ही किसी को घेरे के अन्दर आने देते हैं। उस अधिकारी को तब तक घेरे रहते हैं, जब तक कि उनकी माँग पूरी न हो जाये। सुरक्षागार्ड की इसमें अहम् भूमिका होती है, क्योंकि इसमें घिरे हुए अधिकारी पर हमला भी हो सकता है। यहाँ तक कि उसकी जान भी जा सकती है। इस तरह के प्रदर्शन होने पर तुरन्त पुलिस अधिकारियों को सूचना देनी चाहिए। इस तरह का घेराव कानूनन जुर्म है एवं इसे रांगफुल कनफाइटमेण्ट अर्थात् कानून के विरुद्ध घेरना कहते हैं। सुरक्षा अधिकारियों को कानूनन शक्ति है कि वे बल प्रयोग करके घेराव को तोड़

सकें। अतः सुरक्षा गार्ड को जानना जरूरी है कि वह घेराव के दौरान बल प्रयोग कर सकता है।

5. स्ट्राइक या पूरी हड़ताल– यह हड़ताल का अन्तिम रूप है एवं वर्करों द्वारा ऊपर दिये गये विरोधों के तरीके का अन्तिम रूप है। इसमें जब वर्करों एवं मैनेजमेण्ट के बीच सारी बातचीत बे–नतीजा रहती है, तब वर्कर की यूनियन पूरी हड़ताल की घोषणा करती है, जिसमें काम पूरी तरह रोक त्रिया जाता है। कानूनन वर्कर यूनियन को पूरी हड़ताल से पहले 14 दिन का नोटिस देना जरूरी है अन्यथा इस तरह की हड़ताल गैर कानूनी मानी जाती है। इस तरह की हड़ताल में सुरक्षा एवं गार्डों की अहम भूमिका होती है एवं उन्हें बेहद सावधानी से कार्य करना जरूरी है कि किसी भी वर्कर को कम्पनी के अन्दर न आने दें। कम्पनी के अधिकारियों पर जाते वक्त हमला होने का अन्देशा होता है, वर्कर्स प्लाण्ट के बाहर धरना देकर बैठ जाते हैं एवं नारे लगाते रहते हैं तथा वे हिंसक भी हो उठते हैं, वे कम्पनी की इमारत, गाड़ियों एवं अधिकारियों पर हमला कर सकते हें। अतः सुरक्षा गार्ड को बेहद सतर्क एवं सावधान रहने की जरूरत है ताकि वह कम्पनी में नुकसान न होने दे।

स्ट्राइक के दौरान सुरक्षा गार्ड को निम्नलिखित बातें की सावधानी रखनी चाहिए–

1. सुरक्षा गार्ड को किसी भी वर्कर से झगड़ा नहीं करना चाहिए। वह कितना भी उकसाये, अपना गुस्सा काबू में रखना चाहिए।

2. वर्करों के आस–पास के सभी पत्थर आदि सामान रात में ही हटा देना चाहिए, ताकि वर्कर पत्थर न फेंक सकें। ध्यान रहे कि कोई भी आदमी पत्थर फेंकने के लिए उसे ढूँढने 100 मीटर तक नहीं जाता है। ध्यान रहे कि वर्करों का मुख्य निशाना स्वयं सुरक्षा गार्ड होते हैं।

3. हड़ताल के दौरान सुरक्षाकर्मियों की संख्या दो या तीन गुनी कर देनी चाहिए एवं पुलिस सुरक्षा का भी बन्दोबस्त कर लेना चाहिए। नये गार्ड़ों को इमारत की पूरी जानकारी देनी चाहिए ताकि वह पूरी सुरक्षा कर सकें एवं हड़ताली कर्मचारियों को किसी भी तरह या रास्ते में कम्पनी के अन्दर घुसने न दें।

4. हड़ताल के दौरान, सुरक्षा गार्डों के खाने, पीने एवं अन्य जरूरतों की पूरी व्यवस्था मैनेजमेण्ट द्वारा करनी चाहिए।

एक सुरक्षा गार्ड का काम करते हुए आपको ऊपर दी गयी जानकारी रखना हमेशा जरूरी है एवं यह आपके अवश्य काम आएगी। सुरक्षा गार्ड के काम में आपको यह भी जानना जरूरी है कि खतरा सिर्फ कम्पनी के अन्दर से अर्थात् हड़ताल से ही नहीं आ सकता है, कम्पनी के बाहर से भी सिविल डिस्टर्बमेण्ट के दौरान आ सकता है। आपकी कम्पनी के इलाके में गड़बड़ होने के दौरान भीड़ इकट्ठी हो सकती है एवं कम्पनी को नुक्सान पहुँचाने की कोशिश कर सकती है। इसके कुछ मुख्य कारण निम्नलिखित हैं–

1. भीड़ का इकट्ठा होना।

2. नस्लभेदी या जातिभेदी झगड़ा होना।

3. क्षेत्रीयता से सम्बन्धित झगड़ा होना।

4. धार्मिक बातों पर समुदायों में झगड़ा होना।

5. राजनैतिक कारणों से झगड़ा होना।

6. भेदभाव या नौकरी न मिलने के कारण से प्रदर्शन एवं झगड़ा होना।

7. अन्य किसी भी कारण से आपके इलाके में प्रदर्शन एवं झगड़ा होना।

8. अपराधियों द्वारा कम्पनी को नुक्सान पहुँचाना।

9. आतंकवादियों द्वारा कम्पनी को नुक्सान पहुँचाना।

10. आसपास की कम्पनी में हड़ताल होना एवं वर्करों द्वारा आपकी कम्पनी को भी नुकसान पहुँचाने की कोशिश करना।

यदि इस तरह का कोई सिविल डिस्टर्बमेण्ट आपके इलाके में होता है या होने की जानकारी हो, तो सुरक्षा गार्ड को तुरन्त सावधान हो जाना चाहिए। क्योंकि ऐसे हालात में आपकी जिम्मेदारी एकदम बढ़ जाती है एवं इससे एक इमरजेंसी की तरह निपटा जाना चाहिए। इस तरह की जानकारी मिलने पर निम्नलिखित कार्यवाही करना चाहिए–

1. कम्पनी के सभी काम तुरन्त बन्द करवा देने चाहिए एवं वर्कर्स को पहले ही छुट्टी दे देनी चाहिए।

2. यदि वर्कर्स को पहले ही छुट्टी न दी जा सके, तो उन्हें इलाके से सुरक्षित निकालने की व्यवस्था करनी चाहिए।

3. पूरे प्लाण्ट के सभी रास्तों, इमारत एवं खिड़कियों को बन्द कर देना चाहिए।

4. ज्वलनशील पदार्थों की सुरक्षा बढ़ा देनी चाहिए।

5. पुलिस के साथ मिलकर एवं उनके निर्देशानुसार कार्य करना चाहिए।

6. भीड़ द्वारा आग लगाये जाने की हालत में उसे बुझाने के इन्तजाम कर लेने चाहिए।

7. घायल या बीमार व्यक्तियों को उस समय अस्पताल नहीं भेजना चाहिए।

8. आस-पास के लोगों को बाहर न निकलने देने की सलाह देनी चाहिए।

सुरक्षा गार्ड को यह जानना बेहद जरूरी है कि ऐसे हालात में जहाँ भीड़ इकट्ठी हो गयी हो, भीड़ में सम्मलित डरपोक से डरपोक एवं सज्जन व्यक्ति भी चूहे से शेर बन जाता है। भीड़ किसी भी व्यक्ति या इमारत या वाहन को निशाना बनाने से नहीं चूकती, यहाँ तक कि पुलिस बलों पर भी हमला कर सकती है। अत: भीड़ को किसी भी तरह से उत्तेजित नहीं करना चाहिए एवं न ही उसे समझाने की कोशिश करनी चाहिए। सुरक्षा गार्डो को कम्पनी के मुख्य दरवाजे बन्द कर देना चाहिए एवं अन्दर ही रहना चाहिए न कि दरवाजे के बाहर। इससे भीड़ को टारगेट (निशाना) मिल जाता है। कम्पनी के अन्दर पूरी शान्ति बनाये रखनी चाहिए। इन बातों को ध्यान में रख कर सुरक्षा गार्ड सही तरह से ड्यूटी निभा सकते हैं।

सेबोटॉज एवं बाम्ब थ्रेट

सेबोटॉज का मतलब होता है—बुरी नीयत या जानबूझ कर तोड़-फोड़ करना। जैसे कि हड़ताली कर्मचारियों द्वारा प्लाण्ट में मशीनों, इमारत आदि में तोड़-फोड़ करना या आग आदि लगाना। 'सेबोटाज' शब्द का मतलब इससे भी व्यापक है, जिसमें धार्मिक एवं राजनैतिक गुटों द्वारा तोड़-फोड़ भी आता है। दरअसल सेबोटाज शब्द फ्रांस से आया है, जहाँ पर औद्योगिक क्रान्ति के शुरुआती दिनों में वर्कर्स लकड़ी से बने जूते पहनते थे, जिन्हें फ्रेंच भाषा में 'सैबोट'कहा जाता था। वर्कर्स प्लाण्ट मालिकों से नाराज होने पर मशीनों में

ये जूते फँसा देते थे, जिससे कई-कई दिनों तक मशीनें काम नहीं कर पाती थीं। इसीलिए 'सैबोट' शब्द से इसे सैबोटॉज कहा जाता है। हालाँकि आज इस शब्द का व्यापक अर्थ हो गया है। इसमें व्यापारिक कम्पटीशन के कारण मालिक एवं वर्कर्स के झगड़े के कारण एवं अन्य कारणों से की जाने वाली तोड़-फोड़ करना भी शामिल है।

सोबोटॉज करने को निम्नांकित तरीके से रेखांकित किया जाता है-

1. **मैकेनिकल**- इसमें मशीनों में तोड़-फोड़ करना अथवा पूरी मशीन लाइन को रोक देना, मशीन के पुर्जों को खराब पुर्जों से बदल देना या मशीनों में सही समय पर आयल या अन्य लुब्रीकेट्स न लगाना आदि शामिल है।

2. **कैमिकल**- मशीनों, अन्य उपकरणों, कच्चे एवं बने सामान आदि में खतरनाक या खराब केमिकल लगा देना।

3. **एक्सप्लोसिव अर्थात् बारूद का इस्तेमाल**- प्लाण्ट या मशीनरी को बारूद से उड़ा देना या फिर कच्चे सामान एवं बारूद को खराब कर देना आदि।

4. **आगजनी अर्थात् फायर**- यह सबसे ज्यादा होने वाला सेबोटॉज है, जिसमें मिल या प्लाण्ट में मशीनों, कच्चे सामान आदि में आग लगा दी जाती है।

5. **इलेक्ट्रिकल एवं इलेक्ट्रानिकल**- इसमें बिजली की सप्लाई करने वाले उपकरणों में तोड़फोड़ करना अथवा रेडियो संचार में बाधाा उत्पन्न करना, इलेक्ट्रिकल एवं इलेक्ट्रानिक व्यवस्था में बाधा उत्पन्न करना एवं तोड़-फोड़ करना आता है।

6. **मानसिक या सायकोलाजिकल**- सेबोटॉज की यह विधि सबसे खराब है। इसमें मैनेजमेण्ट एवं कम्पनी के उत्पादों को बदनाम करना, हड़तालों को उकसाना, विवादों, अलगाव, धरना एवं व्यक्तिगत दुश्मनी को उकसाना शामिल है।

सुरक्षा गार्ड को सेबॉटाज के विषय में समझना जरूरी है, ताकि इससे निपटा जा सके। इसलिए आपको कम्पनी के अन्दर वो उपकरण एवं इलाके को देखना चाहिए जहाँ पर कि सेबोटॉज हो सकता है। इसके लिए मैनेजमेण्ट से अनुरोध कर सुरक्षा के विशेषज्ञों से कम्पनी का सर्वे करा कर इन इलाकों

की पहचान करनी चाहिए। एक बार इन वस्तुओं एवं इलाकों की जानकारी होने के बाद सैबोटाज रोकने के उपाय करना आसान हो जाएगा। सैबोटाज रोकने के उपाय निम्नलिखित हैं–

1. सम्भावित एवं खतरों के चिह्नित तथा पहचाने गये इलाके में आने–जाने के सुरक्षित इन्तजाम करना तथा वहाँ ज्यादा सुरक्षा गार्ड लगाना।

2. कम्पनी के अधिकारियों एवं कर्मचारियों में सेबोटाज के खतरे के बारे में आगाह करना एवं इसे रोकने की जानकारी देना।

3. कम्पनी के कर्मचारियों की जाँच पड़ताल करना तथा खतरे वाले सामान, मशीन इत्यादि को अलग एवं सुरक्षित जगह लगाना।

4. कम्पनी में इमरजेंसी रिस्पांस प्लान अर्थात् इमरजेंसी में की जाने वाली कार्यवाही को रेखांकित करना एवं अधिकारियों तथा कर्मचारियों की टीम बनाकर उन्हें प्रशिक्षित करना।

5. खतरे के स्थानों एवं मशीनों जैसे डीजल जनरेटर, मुख्य प्रोडक्शन मशीनें, इलेक्ट्रिकल बोर्ड एवं ट्रांसफार्मर आदि जिन्हें कि अपनी जगह से हटाना सम्भव न हो, वहाँ सुरक्षा के लिए दीवार या कँटीले तार आदि लगाना।

6. सेबौटॉज रोकने के लिए प्रवेंशन अर्थात् इससे बचना सबसे पहले महत्वपूर्ण है। इसके लिए वर्कर्स एवं मैनेजमेण्ट के बीच अच्छे सम्बन्ध कायम करना महत्वपूर्ण है। चन्द खास लोग जो किसी कारण अन्दर ही अन्दर नाराज हैं, उन्हें पहचानना एवं उन पर निगाह रखना चाहिए।

बाम्ब थ्रेट- बम का खतरा

इस बदले समय में आतंकवादियों द्वारा बम लगाने की खबरें आप लगातार सुनते रहते हैं। ज्यादातर बम आतंकवादियों द्वारा क्षेत्रीय, देशीय एवं अन्तरदेशीय तथा अन्तराष्ट्रीय ध्यान अपने गुट की तरफ खींचने के लिए लगाये जाते हैं, जिसमें प्रमुख मुस्लिम आतंकवादी गुट जैसे कि अल कायदा, लश्करे तैयबा, जमाते ऊल दावा, हरकत ऊल अंसार आदि प्रमुख हैं। इस खतरे से औद्योगिक संस्थान भी अछूते नहीं हैं। अतः एक सुरक्षा गार्ड के रूप में आपको इसके बारे में जानकारी देना जरूरी है।

बम लगाने के लिए आतंकवादी कम्पनी की पहचान करने के बाद विस्तृत प्लान बनाते हैं। जिसका प्रमुख उद्देश्य कम्पनी को अधिकतम नुक्सान पहुँचाना एवं कर्मचारियों में भय पैदा करना होता है। इस काम के लिए आतंकवादी ज्यादातर कम्पनी के ही कुछ असन्तुष्ट कर्मचारियों को लालच देकर अपने में मिला लेते हैं एवं ये कर्मचारी बम लगाने की सही जगह तलाशते हैं तथा उस पर निगरानी रखते हैं। ज्यादातर पहले वे बम की झूठी खबर फैला कर देखते हैं कि कम्पनी की सुरक्षा व्यवस्था कितनी चौकस एवं असरदार है। इस तरह अन्त में वह अपने आतंकवादी आकाओं के दिये हुए बम को खास जगह एवं समय पर लगा देते हैं। उन पर शक भी नहीं होता। सुरक्षा गार्ड की ड्यूटी के दौरान यह बात आपको ध्यान में रखनी चाहिए।

बम का खतरा चाहे वह झूठा ही हो, कभी भी हल्के से नहीं लेना चाहिए। पूरी जाँच करने के बाद ही आपको पता लगेगा कि बम वास्तव में है या नहीं। बम की चेतावनी मिलने के तुरन्त बाद सभी कर्मचारियों को काम रोक कर बाहर निकाल देना चाहिए, परन्तु उन्हें कोई अन्य कारण बताया जाना चाहिए न कि यह कि कम्पनी में बम रखा है। इससे अफरा-तफरी फैल सकती है एवं कम्पनी के बड़े अधिकारी भी घबरा जाते हैं। इसलिए सुरक्षा अधिकारी को संयम से व सतर्कता से काम लेना चाहिए ताकि अफरा-तफरी न फैले। इसके तुरन्त बाद बम ढूँढने का काम शुरू करना चाहिए।

बम की धमकी देने वाले कई बार उसकी लोकेशन बताते हैं एवं कई बार नहीं। यदि कम्पनी छोटी हो तो सर्च (खोज) आसान रहती है, परन्तु यदि कम्पनी बड़ी हो तथा बम की लोकेशन के बारे में जानकारी भी न हो, तो कम्पनी के अलग-अलग हिस्सों के सुपरवाइजर्स को सर्च (खोज) में शामिल कर देना चाहिए। इस तरह पूरे इलाके की सर्च जल्दी की जा सकती है। हालाँकि बम की सूचना मिलते ही सबसे पहले पुलिस को सूचना देनी चाहिए एवं साथ के साथ ही सर्च शुरू कर देनी चाहिए। बम यदि मिल जाता है, तो उसे कभी भी छूना या छेड़ना नहीं चाहिए एवं उसके आस-पास रेत के बोरे रख देना चाहिए। ध्यान रहे कि आप कभी भी बम को डिफ्यूज करने की कोशिश न करें। इसके लिए पुलिस या आर्मी की एक्सपर्ट टीम का इन्तजार करें एवं उन्हें पूरा सहयोग दें। सुरक्षा गार्ड को बम को सर्च करना एवं कर्मचारियों को इवेक्यूऐट करना तथा उन पर कण्ट्रोल रखने का ही कार्य करना चाहिए।

सुरक्षा गार्ड एवं अधिकारी कभी भी बम को न छेड़ें क्योंकि ज्यादातर आतंकवादी बम के साथ प्रेशर, रिलीज आदि मैकेनिज्म लगा देते हैं, जिसकी वजह से बम को उठाने, खींचने या अपनी जगह से हटाने की कोशिश करते ही वह फट जाता है। इस तरह के बमों को डिफ्यूज करने की खास ट्रेनिंग पुलिस एवं सुरक्षा बलों की विशेष टीम को होती है। अतः ध्यान दें कि आप कभी भी बम को न छुएँ एवं न ही किसी कर्मचारी को छूने दें। इसके अलावा आपका महत्वपूर्ण कार्य है कि बम की अफवाह कर्मचारियों एवं आसपास के इलाकों में न फैलने दें।

इन सब बातों को ध्यान में रख कर आप सुरक्षा गार्ड का काम इस तरह के खतरे के दौरान सही एवं सुचारु तरीके से कर पाएँगे।

इलेक्ट्रॉनिक सुरक्षा उपकरण

आपने अपनी शिक्षा के दौरान इलेक्ट्रॉनिक्स का नाम अवश्य सुना होगा। आज के युग में हमारे आस-पास-इलेक्ट्रॉनिक्स हर जगह उपयोग में लायी जाती है, जैसे कि रेडियो, टीवी, घड़ी, कम्प्यूटर, फोन, फ्रिज, एयरकण्डीशनर, माइक्रोवेव आदि। अतः आपको यह जानना जरूरी है कि सुरक्षा के क्षेत्र में आज के समय इलेक्ट्रिॉनिक्स कितनी महत्वपूर्ण है एवं यह आपकी कितनी मदद कर सकती है। आइए! आपको इसके बारे में संक्षिप्त जानकारी देते हैं।

इलेक्ट्रिॉनिक सुरक्षा उपकरणों को उनके काम के तरीके के अनुसार निम्नलिखित विभागों में रेखांकित कर सकते हैं–

1. इलेक्ट्रिकल सर्किट के टूटने के अनुसार- इस तरह के उपकरण एक अलार्म से जुड़े होते हैं एवं इसमें एक इलेक्ट्रिक सर्किट सुरक्षा की जगह, जैसे कि तिजोरी, खिड़कियाँ आदि के साथ इस तरह से जुड़ा होता है कि किसी के इसके बीच आने पर यह सर्किट टूट जाता है एवं तुरन्त अलार्म बज उठता है।

2. रोशनी की किरण में रुकावट के अनुसार–इस तरह के उपकरण में एक रोशनी की किरण सुरक्षा की जगह पर लगातार पड़ती रहती है, जिसे एक डिटेक्टर रिसीव करता है तथा इसमें इलेक्ट्रिकल करण्ट दौड़ता रहता है। यदि किसी चोर आदि ने इसके बीच आने की कोशिश की, तो इस रोशनी

की किरण का सम्पर्क डिटेक्टर से टूट जाता है एवं अलार्म बज उठता है। चूँकि रोशनी की किरण दिखायी दे सकती है, इसलिए मानव आँखों को न दिख सकने वाली इन्फ्रारेड या अल्ट्रावायलेट किरणें उपयोग में लायी जाती हैं।

3. ध्वनि तरंगों का उपयोग- इसमें माइक्रोफोन का इस्तेमाल होता है। जिस तरह आपने माइक देखा होगा, जो ध्वनि तरंगों को पकड़ कर उन्हें इलेक्ट्रिकल तरंगों में बदल देता है एवं इसे स्पीकर पर सुना जा सकता है, जैसे कि टेलीफोन इसका बेहतरीन उदाहरण है। परन्तु सुरक्षा के लिए इस माइक्रोफोन को खास कर बैकों में तिजोरी एवं कैश वाल्ट पर लगाया जाता है। माइक्रोफोन की सैटिंग इस तरह की जाती है कि वह एक खास फ्रीक्वेंसी की ध्वनितरंगों को पकड़ सकता है, जो कि तिजोरी या वाल्ट को तोड़ने की कोशिश में उत्पन्न होती हैं। इस तरह इतनी वाइब्रेशन एवं तरंगों के उत्पन्न होने पर माइक्रोफोन से जुड़ा अलार्म बज उठता है। कई जगह इस अलार्म को सीधे पुलिस कण्ट्रोल रूम से जोड़ दिया जाता है, जिससे पुलिस तुरन्त सतर्क हो जाती है एवं चोर को पता भी नहीं चल पाता है तथा वह पकड़ा जाता है।

4. मोशन डिडेक्टर्स- इसका उपयोग ज्यादातर बड़ी कम्पनी की फैसिंग के साथ किया जाता है। इस उपकरण में एक ट्रांसमीटर एवं एक रिसीवर होता है, जो कि रेडियो या ध्वनितरंगों को पूरे इलाके के बीच फैला देता है। किसी भी व्यक्ति के इसके बीच में आने पर या चलने पर, यह तरंगों में व्यवधान पैदा कर देता है एवं इससे जुड़ा अलार्म बज उठता है। परन्तु यह विधि ज्यादा कारागर नहीं हैं, क्योंकि इससे फाल्स अलार्म की दिक्कत है, जो कि किसी जानवर या स्वयं अपने कर्मचारी की वजह से भी बज सकता है।

5. इलेक्ट्रिकल या मैगनेटिक फील्ड में बदलाव से- इस तरह के उपकरणों में किसी बाहरी व्यक्ति द्वारा व्यवधान पैदा होने पर सुरक्षा की जगह पर इलेक्ट्रिकल या मैगनेटिक फील्ड में बदलाव होता है एवं इससे जुड़ा अलार्म इसकी वजह से बज उठता है। इस तरह की डिवाईस ज्यादातर तिजोरी, सेफ, या वाल्ट आदि के अन्दर यूज (इस्तेमाल) की जाती है। क्योंकि इसकी रेंज कम होती है। इसके अलावा इस पर मौसम का असर भी काफी पड़ता है।

6. सीसीटीवी या क्लोज सर्किट टेलीविजन–सुरक्षा के क्षेत्र में सबसे कामयाब एवं उपयोगी उपकरण सीसीटीवी है। इसमें एक कैमरा, मानिटर एवं

कण्ट्रोल यूनिट होती है, जो कि लगातार एक खास इलाके में लगातार पिक्चर लेता रहता है, जिन्हें कण्ट्रोल यूनिट में टीवी पर सीधे ही देखा जा सकता है एवं रिकार्ड भी किया जा सकता है। इसका उपयोग बड़े इलाके में जैसे- पार्किंगलाट, गैलरी, शापफ्लोर, बैंक लाबी, होटल लाबी या अन्य किसी बड़े विस्तृत या महत्वपूर्ण इलाके में किया जाता है, जहाँ कि सुरक्षा गार्ड पूरी दृष्टि नहीं रख सकता। अतः यह सुरक्षा की तीसरी आँख के नाम से भी जाना जाता है। इससे प्राप्त पिक्चर को एक आपरेटर कण्ट्रोल रूम से लगातार देखता रहता है एवं यह रिकार्ड भी होती रहती है। यदि कोई व्यक्ति किसी गलत काम से जैसे चोरी इत्यादि करते हुए पकड़ा जाता है, तो सीसीटीवी फौरन उसके विरुद्ध पक्के सबूत के तौर पर काम करती है एवं यह कोर्ट द्वारा मान्य भी है। सीसीटीवी की वजह से सुरक्षा गार्ड का काम काफी आसान हो जाता है। सीसीटीवी टेक्नोलॉजी बहुत एडवांस हो चुकी है। इसमें कलर पिक्चर भी ली जा सकती है एवं इस कैमरे को या तो छुपा कर या दिखाते हुए दोनों तरह इस्तेमाल किया जा सकता है। इससे प्राप्त पिक्चर कम्पनी के वरिष्ठ अधिकारी प्लाण्ट से सैकड़ों मील दूर से या किसी दूसरे देश में रहते हुए भी अपने कम्प्यूटर पर देख सकते हैं। सीसीटीवी सिर्फ एक डिडेक्टर की तरह ही काम नहीं करता अपितु एक पूरे सुरक्षाकर्मी की तरह भी कार्य करता है, जो कि सबूत एवं गवाही भी दे सकता है। एटीएम में इसका खास उपयोग है।

7. फायर डिटेक्टर्स- लगभग हर बड़ी कम्पनी में पूरी फायर सुरक्षा की जाती है, जिसमें फायर डिटेक्टर्स भी होते हैं। इस विषय पर आपको विस्तार से जानकारी अगले अध्याय में दी जाएगी, परन्तु संक्षिप्त रूप में फायर डिडेक्टर तीन तरह से काम करते हैं। ये तीन चीजों, धुआँ, रोशनी एवं हीट (गर्मी) को डिटेक्ट करते हैं। इन तीनों में से किसी भी चीज की ज्यादा मात्रा होने पर ये डिटेक्टर्स तुरन्त अलार्म बज उठते हैं।

8. डिडेक्टर्स विद स्प्रिंकलर सिस्टम- ये दो तरह के होते हैं। वाल्व स्विच एवं वाटरफ्लो डिडेक्टर्स। इसमें सेंसर के साथ स्प्रिंकलर सिस्टम जुड़ा होता है जो कि वल्व के अपनी जगह से हटने पर तुरन्त स्प्रिंकलर सिस्टम द्वारा पूरे इलाके में पानी की बौछार करने लगता है। यह काफी असरदार व्यवस्था है एवं आग को बढ़ने से रोकता है।

इलेक्ट्रॉनिक उपकरणों का इस्तेमाल सुरक्षा में निम्नांकित दो तरह से होता है–

1. सुरक्षा गार्डों की मदद के लिए सहायक के तौर पर।

2. पूरी तरह एवं जगहों पर इलेक्ट्रॉनिक सुरक्षा उपकरण प्राथमिक तौर पर सुरक्षा देखते हैं एवं सुरक्षा गार्ड द्वितीय सहायक के रूप में कार्य करते हैं। एडवांस (विकसित) देशों में यह विचार ज्यादा इस्तेमाल किया जाता है, परन्तु हमारे देश में अभी तक प्रथम तरीका ही ज्यादातर उपयोग में लाया जाता है।

इलेक्ट्रॉनिक उपकरणों को निम्नलिखित कामों में लगाया जा सकता है–

1. हीट डिटेक्शन, स्मोक डिटेक्शन, गेट वाल्व सुपरविजन, फायर पम्पस् स्प्रिंकलर वाटर फ्लो सिस्टम, फोन एक्टिगर्वशर्स, ड्रायकेमिकल, फायर सिस्टम इत्यादि।

2. डोर सिक्योरिटी, ऐक्सेस कण्ट्रोल, विण्डो सिक्योरिटी, गेट सिक्योरिटी, प्राक्सिमिटी, बाइब्रेशन, रोशन डिटेक्शन।

3. फोटो इलेक्ट्रिक इण्ट्रयूजन अलार्मस्, पोस्ट एवं पेट्रोल सुपरविजन,।

4. कण्ट्रोल एवं आइडेण्टीफाई गेट एण्ट्री।

5. रिकार्ड आब्जरवेशन, इमरजेंसी इवेक्यूशन कण्ट्रोल, लाइट सिस्टम कण्ट्रोल इत्यादि।

6. कर्मचारियों एवं सुरक्षा को ट्रेनिंग देने के लिए तथा उन्हें सुरक्षा के विषय में जागरूकता देने के लिए।

आपने संक्षिप्त रूप में सुरक्षा में उपयोगी इलेक्ट्रॉनिक उपकरणों के बारे में संक्षिप्त में जाना। हालाँकि यह एक बेहद विस्तृत विषय है, जिसमें काफी उच्च शिक्षा पाये इंजीनियर्स आदि कार्य करते हैं, परन्तु सुरक्षा गार्ड की अपनी डूयटी के दौरान आपका सामना इन उपकरणों से अवश्य होगा एवं यह संक्षिप्त जानकारी आपके काफी काम आएगी। आप हमेशा इन इलेक्ट्रॉनिक उपकरणों के बारे में ज्यादा से ज्यादा जानकारी एवं ट्रेनिंग अपनी ड्यूटी के दौरान ले सकते हैं।

फायर फाइटिंग एवं प्रवेंशन

सुरक्षा गार्ड के बतौर सबसे जरूरी एवं एक प्रमुख जिम्मेदारी आपकी है- फायर फाइटिंग। इसका सुरक्षा गार्ड के काम से सीधा सम्बन्ध है और आपकी कम्पनी में आग लगने की किसी भी घटना में सर्वप्रथम एवं सबसे ज्यादा अहम् रोल सुरक्षा गार्ड का ही है। अत: इसकी विस्तृत जानकारी इस अध्याय में आपको दी जाएगी।

आपको समझना जरूरी है कि आग लगने का सिद्धान्त एवं कारण क्या है। इसे फायर ट्रायऐंगल त्रिकोण के नाम से जाना जाता है। फायर त्रिकोण के तीन अहम् स्तम्भ हैं। इनमें से किसी एक को भी हटाने से फायर (आग) रुक (बुझ) जाएगी। ये स्तम्भ हैं–

1. फ्यूल– (ज्वलनशील पदार्थ) 2. आक्सीजन 3. ताप या हीट। आग लगने के लिए प्रथम वजह ज्वलनशील पदार्थ का होना, द्वितीय है आक्सीजन जो कि वायुमण्डल में उपलब्ध है। आग लगने की प्रक्रिया को कैमिस्ट्री में आक्सीडेशन के नाम से जाना जाता है। तृतीय मुख्य कारण है कि इन दोनों पदार्थों की उपस्थिति होने पर हीट अर्थात् उचित तापमान का होना। इन तीनों चीजों के मिलने से ही आग लगने की प्रक्रिया होती है। इसलिए जाहिर है कि आग को बुझाने के लिए सुरक्षा गार्ड को इन तीनों में से किसी भी एक चीज को हटाने पर आग बुझ जाएगी।

आग को निम्नलिखित चार भागों में बाँटा गया है।

1. क्लास (A) फायर– यह साधारण एवं ठोस ज्वलनशील पदार्थ में लगती है। जैसे कि– लकड़ी, प्लास्टिक, कपड़ा, फोम, कागज इत्यादि।

2. क्लास (B) फायर– यह साधारणत: द्रवित ज्वलनशील पदार्थों में लगती है। जैसे कि पेट्रोल, डीजल, तेल एवं अन्य तरल ज्वलनशील केमिकल्स।

3. क्लास (C) फायर– यह साधारणत: ज्वलनशील गैसों एवं द्रवित गैसों में लगती है।

4. क्लास (D) फायर– यह फायर ज्वलनशील ठोस धातुओं में लगती है– जैसे सोडियम, पोटेशियम इत्यादि।

जैसे कि हमने जाना कि फायर त्रिकोण ही आग के लिए जिम्मेदार है, अतः सुरक्षा गार्ड को चाहिए कि वह ध्यान रखे कि शुरुआती आग लगने पर सबसे पहले स्तम्भ अर्थात् ज्वलनशील पदार्थों को आग के आसपास से दूर हटा दें, फायर (आग) धीरे-धीरे खुद बुझ जाएगी जब उसे जलने के लिए पदार्थ ही नहीं मिलेगा। दूसरी कड़ी में सुरक्षा गार्ड को चाहिए कि जहाँ ज्वलनशील पदार्थ रखा है, वहाँ पर आग लायक तापमान अर्थात् हीट (गर्मी) जो कि फायर का दूसरा स्तम्भ है न पैदा होने दें। इसका मुख्य कारण या तो कर्मचारी द्वारा प्रथम स्तम्भ के आसपास जलती हुई बीड़ी या सिगरेट फेंक देते हैं या वहाँ माचिस जलाते हैं। इसके अलावा वहाँ इलेक्ट्रिक शार्ट सर्किट होने पर भी जरूरी तापमान मिल जाता है एवं आग लग जाती है। इस द्वितीय स्तम्भ को भी सुरक्षा गार्ड चौकसी रख कर खत्म या कम कर सकता है। ये दो प्रमुख स्तम्भ सुरक्षा गार्ड द्वारा सन्तुलित किये जा सकते हैं। परन्तु तीसरा एवं सबसे प्रमुख स्तम्भ है–ऑक्सीजन जो हवा में पायी जाती है। जाहिर है कि सुरक्षा गार्ड हवा को हटा नहीं सकता एवं इन तीनों के मिलने से आग लग जाती है। यदि तीनों स्तम्भ मिल चुके हों, तो अन्तिम जिम्मेदारी आग बुझाने की द्वितीय अर्थात् हवा को हटा कर ही की जा सकती है एवं इसके लिए उपयोग में आता है–फायर एक्सटिंवगर्स। आइए! आपको इनके बारे में जानकारी दें। फायर एक्टिवगशर्स 4 प्रकार के होते हैं–

1. वाटर टाइप- सोडा, एसिड, वाटर के यह CO2 चार प्रकार के एक्सेटेग्यूशर्स इस प्रकार में आते हैं एवं इनकी कार्यविधि फायर पर सोडा, एसिड, पानी या कार्बनडाइआक्साइड आदि को फायर (आग) पर डाल कर आक्सीजन का प्रवाह रोकना है।

2. फोम टाइप- यह दो प्रकार के होते हैं- 1. केमिकल फोम 2. मैकेनिकल फोम। केमिकल फोम में दो अलग तरह के केमिकल अलग-अलग चेम्बर में होते हैं एवं इसमें इस्तेमाल करने के लिए सील तोड़ने पर ये दोनों केमिकल मिलकर एक फोम बनाते हैं, जिसे फायर पर डाल दिया जाता है। फोम आग पर एक सतह बनाकर इसका सम्पर्क वायु अर्थात् ऑक्सीजन से काट देता है और आग बुझ जाती है। द्वितीय अर्थात् मैकेनिकल फोम टाइप को सीधे खड़ा रख कर इस्तेमाल किया जाता है एवं इसमें गैस प्रेशर या गैस कार्टिज की मदद से फोम पैदा किया जाता है। साधारणतः इसमें फोम

सिंथेरिक अल्कोहल रजिस्टेंस, फ्ल्यूरो प्रोटीन, फ्लूरो कार्बन आदि से फोम पैदा की जाती है।

3. गैस टाइप- यह दो प्रकार के हैं। 1. CO2 कार्बनडाइऑक्साइड एवं 2. हेलोजेनेटेड। ये दोनों गैसें आग से अर्थात् O2 (ऑक्सीजन) हटाकर आग बुझा देती हैं।

4. ड्राय पाउडर टाइप- इनमें विभिन्न तरह के ड्राई केमिकल पाउडर भरे जाते हैं जो कि गैस प्रेशर से आग पर फैल जाते हैं एवं इसका सम्पर्क वायु अर्थात् आक्सीजन से खत्म करके आग बुझा देते हैं। इनमें प्रयोग होने वाले केमिकल पाउडर निम्नलिखित हैं। सोडियम/पोटेशियम कार्बोनेट, बाई कार्बोनेट, क्लोराइड, अमोनियम फास्फेट, बोरेट आदि। परन्तु इनकी एक कमी है कि ये आग लगने की जगह को खराब कर देते हैं एवं पूरी तरह से आग पर न फैलने के कारण आग पुनः भड़क सकती है।

आग एक घातक एवं महँगी घटना हो सकती है। इसलिए जरूरी है कि आग को लगने ही न दिया जाये क्योंकि आग बुझाने में इसका बचाव करना ज्यादा बेहतर है। आग न लगे इसके लिए फायर प्रवेंशन एवं कण्ट्रोल कम्पनी के मैनेजमेंट की जिम्मेदारी है, क्योंकि-

1. कानूनन यह बाध्य एवं जरूरी है कि फायर के प्रबन्ध किये जायें।

2. इंश्योरेंस के हिसाब से भी आग-सुरक्षा के प्रबन्ध करना जरूरी है।

3. कम्पनी की बेहतर कार्यप्रणाली एवं नुक्सान से बचने के लिए जरूरी है।

आग लगने से रोकने के लिए निम्नलिखित प्रबन्ध करने चाहिए-

1. मैनेजमेण्ट को स्वीकार करना चाहिए कि फायर प्रवेंशन पालिसी बनायी जाये एवं इसको समय-समय पर रिन्यू (नवीकरण) कराया जाये।

2. फायर लगने की घटना के दौरान बिल्डिंग, कर्मचारी, रिलोर्सेस, कच्चा एवं बना माल आदि को हो सकने वाले नुक्सान का अनुमान लगाना।

3. आग लग सकने वाली जगहों- जैसे पेट्रोल, डीजल, गैस टैंक इत्यादि का मुआयना करना एवं इन्हें सुरक्षित करना।

4. आग के खतरे की मेगनीट्यूड का आकलन करना।

5. फायर के दौरान कार्यवाही के लिए कर्मचारियों को बाँटना एवं अधिकार देना।

6. फायर प्रवेंशन एवं कण्ट्रोल के उपकरणों को लगाना एवं सबको बताना।

7. माकड्रिल द्वारा कर्मचारियों को ट्रेनिंग देना एवं जानकारी देना।

8. एक फायर आफिसर बनाना एवं उसे पूरी जिम्मेदारी देना।

9. आग लगने पर उसके कारणों एवं असर का पूरा आकलन करना एवं रिकार्ड रखना।

10. सुरक्षाकर्मियों को फायर फायटिंग की ट्रेनिंग देना।

इस अध्याय को पढ़कर आपको फायर के कारणों एवं इससे निपटने के बारे में काफी जानकारी हासिल हुई होगी, जो सदैव आपके काम आएगी एवं अपनी सुरक्षा ड्यूटी के दौरान आप अपनी सही भूमिका निभा सकेंगे। ध्यान रहे कि आग लगने के दौरान ज्यादातर कर्मचारी एवं अधिकारी सुरक्षा गार्ड पर ही इसे बुझाने के लिए भरोसा करते हैं।

डिजास्टर प्लानिंग एवं इमरजेंसी कण्ट्रोल

सुरक्षा गार्ड के बतौर आपको जानकारी होनी चाहिए कि किसी डिजास्टर के होने पर आपकी क्या ड्यूटी एवं भूमिका होती है एवं आप किस तरह से इससे निपटेंगे। डिजास्टर्स को दो प्रमुख भागों में बाँटा जा सकता है जो कि निम्नलिखित हैं–

(अ) प्राकृतिक विपदाएँ या नेचुरल डिजास्टर्स–

1. विण्टर स्टार्म 2. आग 3. हरीकनेस 4. एक्सप्लोजन 5. बाढ़ या फल्ड 6. डस्ट स्टामर्स 7. अर्थ स्लाइड्स 8. लाइटनिंग 9. एयर क्राफ्ट कैश 10. टारनेडो 11. पड़ोस के खतरे- हर्जाडस 12. पुर्जों का पुराना हो जाना 13. बिल्डिंग कोलेप्स 14. भूकम्प 15. सुनामी 16. सूखा 17. भारी बारिश 18. अन्य तरह के ऐक्सीडेण्ट्स आदि।

(ब) मैनमेड टेक्निकल डिजास्टर्स-

1. घातक चोट 2. बिजनेस में रुकावट 3. आर्गेनिक एवं अनआर्गेनिक वेस्टेज 4. एक्सीडेण्ट 5. गलती 6. अपराध 7. सफेद कालर क्राइम 8. प्राडक्ट कण्टिमिनेशन 9. फ्राड 10. सुविधाओं का लास 11. प्लेन क्रैश 12. विस्फोटक 13. लीकेज 14. बिल्डिंग कोलेप्स 15. आरक्षण 16. इनवायरमेण्ट के हादसे 17. मीडिया एक्सफेजर 18. हड़ताल 19. बाम्ब थेट 20. सैबोटाज 21. खातों में हेराफेरी- (एम्बेजलमेण्ट) 22. राइट- (गुटों में झगड़ा) 23. सिविल डिस्टर्बमेण्ट 24. प्लाण्ट के अन्दर हिंसा 25. कम्प्यूटर हैकर्स 26. पटाखों से आग 27. आवारा लड़के 28. क्रिमिनल्स 29. टेररिस्ट- (आतंकवादी) 30. एक्सटार्शन- (धमका कर पैसा वसूलना) 31. हत्या 32. किडनैपिंग 33. होस्टेज लेना इत्यादि।

डिजास्टर्स को तीन कैटेगरी में बाँटा गया है, जो निम्नलिखित हैं।

(1) लेवल-1 (छोटा हादसा), एक या दो दिन की रुकावट, कोई हेल्थ हजार्ड नहीं, न ही पर्यावरण को नुक्सान।

(2) लेवल 2. (मध्यम)–3 दिन से ज्यादा रुकावट, कर्मचारी एवं वाइल्ड लाइफ पर असर होना।

3. लेवल-3-(तीव्र)–कई दिनों तक रुकावट, ह्यूमन डेथ एवं वाइल्डलाइफ तथा इनवायरमेण्ट को नुकसान।

कम्पनी एवं सुरक्षा गार्ड को इन इमरजेंसी तथा हादसों को जानना एवं समझना चाहिए और इसके लिए पहले से ही तैयारी कर लेनी चाहिए। इसके लिए इमरजेंसी रिस्पांस टीम का गठन होना चाहिए। इसे निम्नलिखित प्रकार से नीचे दिया गया है–

इमरजेंसी कण्ट्रोल आर्गेनाइजेशन चार्ट

(1) चेयर मैन

(2) मैनेजिंग डायरेक्टर्स

(3) इण्डस्ट्रियल सिक्योरिटी को आर्डिनेटर- दूसरी कम्पनी एवं पुलिस आदि से मेलजोल।

कण्ट्रोल सेण्टर

2. फायर चीफ	(1) सिक्योरिटी डायरेक्टर (चीफ)
फायर ब्रिगेड	सिक्योरिटी फोर्स ट्रैफिक
फायर गार्ड्स	पहचान पत्र
पुयर रेस्क्य टीम	सिक्योरिटी फोर्स पैरामीटर
फायर ड्रिल एवं इवेक्यूएष्ठान	ट्रांसपोटेशन, पिलफ्रेज रिडक्शन

3. मेडिकल डायरेक्टर	4. चीफ इंजीनियर	5. पर्सनल आफीसर
फर्स्ट ऐड टीम	मैण्टेनेंस एवं रिपेयर यूनिट	इमरजेंसी वर्कर्स
स्ट्रेचर टीम	डिवालेशन एवं साल्वेज टीम	फाइनेंस इनर्फामेशन
एम्बुलेंस	शट डाउन प्रोसीजर	मैसेंजर्स
इवेक्यूशन टीम		कर्मचारी मारेल एवं
फर्स्ट ऐड		वेलफेयर शेल्टर्स
ट्रेनिंग एवं मोंक ड्रिल		

वीक एरिया पहचानना एवं पुनः ट्रेनिंग

इमरजेंसी के दौरान एक कण्ट्रोल सेण्टर होना चाहिए। इसमें विभिन्न लोग शामिल होते हैं। जैसा कि पिछले चार्ट में बताया गया है, इसमें क्म्यूनिकेशन सिस्टम, पब्लिक एड्रेस सिस्टम, इमरजेंसी पावर, भोजन, पानी, दवाइयाँ एवं आफिस का जरूरी सामान होना चाहिए ताकि सही आकलन फाइनेंसियल नुकसान न हो सके एवं महत्वपूर्ण आफिस के कार्य जारी रह सकें।

कण्ट्रोल रूम का आपरेशन तथा इसमें बाकी सब लोगों का कार्य एवं अथारिटी नाम और डेजिगनेशन के साथ लिखित रूप में मौजूद होना चाहिए। इमरजेंसी के दौरान सभी आर्डर्स एवं एक्शन को एक डायरी में रजिस्टर करते

रहना चाहिए। एक फोटोग्राफर एवं कैमरा भी होना चाहिए जो कि नुक्सान की फोटो खींचता रहे एवं इमरजेंसी कार्यों की भी। यह बाद में इंश्योरेंस आदि के कानूनी मसलों में काम आएँगी।

इमरजेंसी के दौरान निम्नलिखित वस्तुओं को पहले से ही इकट्ठा कर लेना चाहिए।

1. भोजन, पानी, दवाइयाँ एवं मेडिकल इक्विपमेण्ट आदि।
2. इमरजेंसी रिपेयर टूल्स एवं इक्विपमेण्ट आदि।
3. एडमिनिस्ट्रेटिव लाइन एवं आफिस इक्विपमेण्ट।
4. इमरजेंसी से निटेशन फैसिलियटोज।
5. महिला एवं पुरुषों के लिए सोने की अलग जगह एवं टेण्ट्स।
6. ट्रक्स में भरी रेत, फेंसिंग वायर आदि इलाके की सुरक्षा के लिए।
7. खिड़कियों आदि को बचाने के लिए पैनल आदि एवं ट्रांसपोर्ट।
8. पेट्रोल का भण्डार चूँकि पेट्रोल पम्प पर शायद तेल न मिले।

सुरक्षा गार्ड को इस पूरी व्यवस्था का ज्ञान होना चाहिए तथा इमरजेंसी प्लान की एक कापी सुरक्षाकर्मियों के पास होना चाहिए ताकि वे जान सकें कि इन हालात में किसे रिपोर्ट करना है तथा किससे आर्डर्स् लेने हैं एवं हर अलग सुरक्षा गार्ड की ड्यूटी कहाँ-कहाँ लगायी गयी है।

प्राकृतिक एवं अप्राकृतिक विपत्तियों के दौरान यह जानकारी आपके काम अवश्य आएगी एवं इसे पढ़ने के बाद आपको ज्ञात होगा कि आप इमरजेंसी को समझते हैं तथा समयानुसार कार्य कर सकते हैं।

❒❒❒

अध्याय-4

इण्डस्ट्रियल सेफ्टी

इण्डस्ट्रियल सेफ्टी अपने आप में सिक्योरिटी से अलग परन्तु उसी सन्दर्भ का विषय है। इसे इनवायरमेण्ट हेल्थ एवं सेफ्टी के नाम से जाना जाता है। जैसा कि नाम से जाहिर है कि यह कम्पनी के आसपास के प्राकृतिक इनवायरमेण्ट, कम्पनी के कर्मचारियों की हेल्थ तथा सेफ्टी से सम्बन्धित है। सुरक्षा गार्ड को इस विषय में जानना जरूरी है।

इण्डस्ट्रियल सेफ्टी के दो मुख्य सिद्धान्त हैं, जिनके बारे में अब आपको जानकारी दी जाएगी।

1. इंजीनियरिंग अप्रोच एवं 2. सलेक्शन अप्रोच।

1. प्रथम इंजीनियरिंग अप्रोच- इस विचार के अनुसार इण्डस्ट्रियल एक्सीडेण्ट को सुरक्षित, बेहतर एवं हर्जाड फ्री बनाया जा सकता है। इस अप्रोच में मशीनरी को कम एवं री डिजाइन करके, उपकरणों को तकनीकी रूप से बेहतर करके तथा काम करने की विधि एवं तरीके को सुधार करके एक्सीडेण्ट्स को रोका एवं कम किया जा सकता है।

2. सलेक्शन सायकोलाजिकल अप्रोच- यह अर्प्रोच इस आधार पर बनायी गयी है कि सभी वर्करों द्वारा एक ही जगह, एक समान कार्य करने पर तथा एक ही इनवायरमेण्ट में होने के बावजूद कुछ वर्कर्स एक्सीडेण्ट कर देते हैं, परन्तु अधिकतर नहीं। इस तरह के लोग अक्सर गलतियाँ करते हैं, चाहे वह कार चला रहे हों या दूध डाल रहे हों या पैसा गिन रहे हों आदि। इस तरह के वर्कर्स को एक्सीडेण्ट पोर्न कहा जाता है। सायकोलाजिकल स्टडी से यह बात साबित भी हुई है। इस तरह के वर्कर्स अपनी ही परेशानियों आदि में

इतना परेशान रहते हैं कि अक्सर एक्सीडेण्ट कर बैठते हैं। अतः इस अप्रोच में इन वर्करों को पहचान कर उन्हें सावधान किया जाता है एवं अधिकतर को काम से निकाल देने या उन्हें नौकरी ही न देने से कम्पनी में एक्सीडेण्ट कम होंगे। इस तरह का विचार यह अप्रोच देती है, जो कि अनह्यूम (अमानवीय) लगता है, परन्तु असरदार है।

कार्यस्थल का इनवायरमेण्ट जैसे कि तापमान, ह्यूमिडिटी, शोर एवं रोशनी आदि वर्कर्स की प्राडिक्टीविटी, गलतियाँ एवं क्वालिटी लेवल को अवश्य प्रभावित करते हैं एवं कई तरह की गैसें, धूल, लिक्विड एवं सालिड मटेरियल वर्करों के लिए नुक्सानदेह साबित हुए हैं। ये सब प्रभाव मैकेनिकल हजार्ड्स जैसे–मशीन के मूविंग पार्ट्स, मटीरियल ट्रांसफर्र, गिरते हुए टुकड़े आदि सब मिलकर दुर्घटना की सम्भावना बढ़ा देते हैं। इन सब बातों की स्टडी को इरगोनामिक्स कहा जाता है। यदि इन बातों पर ध्यान न दिया जाये, तो निम्नलिखित नतीजे होते हैं–

1. प्रोडक्शन का कम होना।
2. लागत का बढ़ना।
3. लेबर रिसोर्स का व्यर्थ जाना।
4. ह्यूमन सफरिंग होना।

इस तरह से कम्पनी को नुकसान होता है एवं एक्सीडेण्ट होते हैं। एक्सीडेण्ट होने पर यह एक साधारण घटना नहीं है, क्योंकि निम्नलिखित बातें एक्सीडेण्ट एक्ट में शामिल होकर उसे बढ़ाती हैं–

1. घायल व्यक्ति के द्वारा समय का नुक्सान।
2. घायल व्यक्ति के साथी कर्मचारियों द्वारा काम रोकने का नुक्सान।
3. सुपरवाइजर द्वारा घायल वर्कर्स पर लगे समय का नुक्सान।
4. फर्स्ट ऐड स्टाफ द्वारा समय देने की जरूरत।
5. मशीन एवं उपकरण को होने वाला नुक्सान।
6. प्रोडक्शन में रुकावट का नुक्सान।
7. घायल व्यक्ति को दिये जाने वाला कम्पंशेसन।

8. व्यक्ति के कार्य पर वापस आने पर कम आउटपुट देना।

9. अन्य वर्कर्स का लो मौरेल होने पर नुकसान।

इस तरह आप देखते हैं कि एक एक्सीडेण्ट की कितनी बड़ी कीमत कम्पनी को चुकानी होती है। आइए अब एक्सीडेण्ट होने के कारणों पर एक नजर डालते हैं। ये तीन प्रकार के हैं–

1. एक्सीडेण्ट अनसेफ कारणों से।
2. एक्सीडेण्ट अनसेफ तरीकों से काम करने से।
3. ह्यूमन कण्ट्रोल के बाहर के कारण।

एक्सीडेण्ट को निम्नलिखित प्रकार से रेखांकित किया गया है–

1. फैटल– अर्थात् मौत होना।
2. स्पीरिटस– अर्थात् ज्यादा घायल एवं निजी अंग का नुक्सान।
3. माइनर– अर्थात् छोटी–मोटी चोट लगना।
4. ट्राईवल– अर्थात् साधारण खरोंच इत्यादि।
5. नो इंज्यूरी– चोट न लगना।

एक्सीडेण्ट होने के निम्नलिखित कारण हैं–

1. मैकेनिकल– यह मशीन में खराबी होने या बिना सेफ्टी से होता है। जैसे कि कम देखभाल। मशीन की कोई देखभाल न होना। मशीन की गलत डिजाइन या फिट मशीन का गलत तरह लगा होना।

2. एनवायरमेण्टल– वर्कर्स के एनवायरमेण्ट की वजह से ये एक्सीडेण्ट होते हैं, जिसके कारण हैं–रोशनी कम होना, वेण्टीलेशन न होना, तापमान ज्यादा होना, ज्यादा शोर होना, धूल एवं धुआँ होना, काम की स्पीड ज्यादा होना, काम के घण्टे ज्यादा होना, ज्यादा वर्क लोड होना।

3. ह्यूमन– वर्कर्स आखिर आदमी हैं एवं इससे कुछ वजहों से एक्सीडेण्ट हो सकते हैं, जैसे– ज्यादा उम्र होना, शादी होना या टूटना, अच्छी प्राथमिक शिक्षा न होना, स्वास्थ्य अच्छा न होना, लम्बे समय तक एक ही कार्य करना, काम की परफारमेंस जाँचने के कारण एवं अन्य कई तरह के मानसिक कारण।

4. सायकोलाजिकल- जैसे कि काम के प्रति एटीट्यूट, इण्ट्रेस्ट एवं कठिनाइयाँ, मशीन पर अनसेफ प्रेक्टिस, कम ध्यान देना एवं थकान। सेफ्टी के लिहाज से इण्डस्ट्रियल हजार्ड्स निम्नलिखित हैं।

1. मैकेनिकल- मटीरियल को गलत ढंग से हैण्डल करना, औजारों का गलत इस्तेमाल, मशीन से ही एक्सीडेण्ट होना।

2. इलेक्ट्रिकल- खराब बिजली के उपकरण, बिना ट्रेनिंग के काम करना।

3. केमिकल- मेटलिक डस्ट एवं फ्यूम, मिनरल डस्ट होना। अस्थिर केमिकल्स लिक्विड एवं स्पिलेज, गैसेज व अन्य।

वर्कर्स को दिये जाने वाले सेफ्टी उपकरण निम्नलिखित तरह के ही एवं अधिकतर सुरक्षा गार्ड को यह काम दिया जाता है कि वह वर्कर्स को सेफ्टी उपकरण पहनने के लिए बाध्य करें एवं चैक करें।

1. हेलमेट- ऊँचाई पर काम करने वाले वर्कर्स को यह पहनना जरूरी है।

2. सेफ्टी गागल्स-(चश्में) खास तर वेल्डर्स को ये पहनना जरूरी है।

3. माउस मास्क- इससे लंगज के फेफड़ों में गैस या धूल नहीं जाती है।

4. हैण्ड ग्लोब्स- मशीन पर कार्य करते समय इसे पहनना जरूरी है।

5. गम बूट्स- सेफ्टी शूज- गर्म धातुओं में काम करने वाले वर्कर्स के लिए।

6. ईयर प्लग्स- जहाँ मशीनों से ज्यादा शोर होता हो।

इस तरह आपने जाना कि सेफ्टी एवं सिक्योरिटी लगभग सगे भाई हैं। जहाँ सेफ्टी में शारीरिक कार्य के सभी पहलुओं पर ध्यान रखना है, वहीं सिक्योरिटी प्लाण्ट की सेफ कस्टडी ही जिम्मेदार है। इसके साथ ही मशीन, मटेरियल एवं अन्य ऐसेट्स की सुरक्षा भी सिक्योरिटी की जिम्मेदारी है।

यहाँ ध्यान देने वाली बात है कि सेफ्टी के लिए कम अधिकारी एवं कर्मचारी कम्पनी में होते हैं, जबकि सुरक्षा गार्ड्स की संख्या काफी अधिक

होती है। इसलिए सुरक्षा गार्ड्स को जिम्मेदारी अक्सर दी जाती है कि वह सेफ्टी इंजीनियर द्वारा दिये गये आदेशों का पालन स्वयं करें एवं वर्कर्स से भी करवायें। अतः सुरक्षा गार्ड को सेफ्टी के अहम् नियम, उपकरण, कारण इत्यादि का ज्ञान होना अवश्यक है। एक्सीडेण्ट होने के बाद सुरक्षा गार्ड का काम और भी बढ़ जाता है। इसलिए उसे प्राथमिक चिकित्सा देने की ट्रेनिंग भी होनी आवश्यक है। अगले अध्याय में हम इसी पर चर्चा करेंगें।

फर्स्ट एड- प्राथमिक चिकित्सा

जैसा कि आपने पिछले अध्यायों में देखा कि सुरक्षा गार्ड को इमरजेंसी में अथवा एक्सीडेण्ट होने पर तुरन्त कार्यवाही करनी होती है एवं इसमें घायल को फर्स्ट एड अर्थात् तुरन्त प्राथमिक चिकित्सा देनी होती है। सुरक्षा गार्ड के लिए यह बेहद अहम् कार्य है। इसलिए इसके बारे में आपको अब जानकारी दी जाएगी जो कि आपकी सुरक्षा गार्ड की भूमिका में बहुत अहम साबित होगी।

फर्स्ट एड अर्थात् प्राथमिक चिकित्सा वह मेडिकल ट्रीटमेण्ट है, जो किसी घायल व्यक्ति को घटना के तुरन्त बाद एवं मेडिकल हेल्प आने से पहले दिया जाता है। यह बहुत महत्वपूर्ण होता है, क्योंकि आँकड़े बताते हैं कि डाक्टर के आने से पहले दिये गये फर्स्ट एड ने 50 प्रतिशत से अधिक जानें बचायी हैं। प्राथमिक चिकित्सा के मुख्य उद्देश्य निम्नलिखित हैं–

1. घायल की जान बचाना।

2. घायल की मेडिकल रिकवरी को बढ़ाना।

3. घायल की अवस्था अधिक बिगड़ने से बचाना।

4. घायल को अस्पताल तक पहुँचाने का इन्तजाम करना। फर्स्ट एड के कुछ गोल्डन नियम हैं- जो निम्नलिखित हैं।

1. महत्वपूर्ण कार्यवाही पहले करें।

2. यदि घायल की धड़कन रुक गयी हो, तो तुरन्त आर्टीफिशियल साँस दें।

3. खून के बहाव को रोकें या कम करें।

4. ट्रामा या शॉक से मरीज को बचाने की कोशिश करें।

5. ज्यादा कार्यवाही घायल पर न करें।

6. भीड़ में घायल के आसपास किसी को न जाने दें

7. बिना जरूरत घायल के कपड़े न उतारें।

8. घायल को जल्दी से जल्दी डाक्टर या हॉस्पीटल पहुँचाने का इन्तजाम करें।

सुरक्षा गार्ड के बतौर आपको ये गोल्डन रूल याद कर लेने चाहिए।

मानव शरीर की संरचना के बारे में जानकारी आपको नीचे दी गयी है, जिसमें प्रमुख हैं–

1. स्केलटन-अर्थात् शरीर की हड्डियाँ/मानव शरीर में 206 होती हैं। याद रखें।

2. ज्वाइट्स-(जोड); ये दो प्रकार के हैं इम्मोवेबिल अर्थात् स्थिर जोड़ एवं मूवेबल अर्थात् हिल सकने वाले जोड़। ये भी तीन प्रकार के होते हैं–बाल एवं साकेट जोड़। जैसे कन्धा एवं कूल्हे के जोड़। दूसरे हिंज जोड़- जैसे कोहनी एवं घुटने के जोड़ एवं तीसरे कम हिलने वाले जोड़ जैसे-कलाई, पैर, स्पाइन इत्यादि।

3. मसल्स अर्थात् माँसपेशियाँ- ये दो प्रकार की होती हैं। पहली वालेण्टरी- जिन्हें आप दिमाग से कमाण्ड देकर हिला सकते हैं। जैसे–सर, गर्दन, हाथ, पाँव, अँगुलियाँ इत्यादि। दूसरी इनवालेण्टरी- जो बिना आपकी इच्छा के भी काम करती रहती हैं, जैसे कि पेट की आँतें, साँस लेने वाली मसल्स, खून धमनियाँ इत्यादि।

4. स्किन-(त्वचा) यह पूरी बॉडी पर होती है एवं पूरे शरीर की बाहर से रक्षा करती है। यह दो परत में होती है। पहली बाहरी परत जिसे क्यूटिकल कहते हैं एवं दूसरी अन्दरूनी परत, जिसे ट्रयूस्किन या डरमिस कहते हैं।

5. ब्लड-(खून) यह एक ट्रांसपेरेण्ट अर्थात् पारदर्शी पीले तरल अवस्था में होता है, जिसे कि ब्लड प्लाज्मा कहते हैं। इसमें दो तरह के कण

होते हैं, जिन्हें ब्लड कार्ययूसलस कहते हैं। ये लाल एवं सफेद होते हैं, जिनमें सफेद कण कम होते हैं। ब्लड के शरीर में बहाव के लिए दिल, आरटिरीज, कैपेलिरीज एवं वींस होती हैं, जो कि पूरे शरीर में खून की सप्लाई करती हैं। शरीर की बायीं छाती के भीतर दिल होता है, जिसमें चार भाग होते हैं। दो दायीं तरफ एवं दो बायीं तरफ। दिल एक स्वस्थ व्यक्ति में एक मिनट में 72 बार धड़कता है एवं खून को शरीर में भेजता और लेता रहता है।

साधारण चोट में अक्सर फ्रैक्चर हो जाता है, जिसका मतलब है—हड्डी का टूटना। फ्रैक्चर निम्नलिखित प्रकार के होते हैं—

1. **साधारण एवं क्लोज**– इसमें हड्डी तो टूटती है, पर खून नहीं बहता।

2. **कम्पाउण्ड एवं ओपन**– इसमे घाव होता है तथा खून भी बहता है।

3. **काप्लीकेटेड**– इसमें हड्डी टूटने के साथ ही अन्दरूनी चोट भी होती है।

4. **कमिन्यूटेड**– इसमें हड्डी कई जगह से टूट जाती है।

5. **डिप्रेस्ड**– इसमें टूटी हड्डी एक दूसरे के ऊपर चढ़ जाती है।

6. **डिसप्लेस्ड**– इसमें ऊपर की हड्डी नीचे की हड्डी के ऊपर चढ़ जाती है।

7. **ग्रीनसिक**– इसमें बच्चों की हड्डी टूटती नहीं है पर झुक जाती है।

फैक्चर के निम्नलिखित संकेत होते हैं–

दर्द होना, स्थान पिलपिला हो जाना, सूजन आना, शक्ति वहाँ खत्म हो जाना, डिफार्मिटी हो जाना, हड्यिों का अलग दिखना, कार्पिटस या उस स्थान पर अप्राकृतिक मूवमेण्ट होना।

फ्रैक्चर होने पर निम्नलिखित कार्यवाही करनी चाहिए। टूटे हुए भाग को स्थिर रखना चाहिए एवं उसे सहारा दे देना चाहिए, फ्रैक्चर वाले भाग को पट्टी (लकड़ी) लगा कर हिलने नहीं देना चाहिए। खून को बहने से रोकना चाहिए, मरीज को शॉक लगने से रोकना चाहिए, फ्रैक्चर को बेहद सावधानी

के साथ हैण्डल करना चाहिए, घायल को जल्दी से जल्दी अस्पताल या डाक्टर के पास ले जाना चाहिए।

दूसरी एक समस्या से सुरक्षा गार्ड को अक्सर जूझना पड़ता है, वह है—घाव। ये निम्नलिखित प्रकार के होते हैं—

1. **इनसाइज्ड घाव**- जो कि शार्म या तीखे हथियार से बनते हैं।

2. **लोकेटेड घाव**- यह घाव चपटे होते हैं एवं मशीन में हाथ वगैरह आने से बनते हैं। इनमें खून कम बहता है।

3. **कानयूज्ड घाव**- ये घाव किसी चपटे हथियार से बनते हैं।

4. **पंकचर्ड घाव**- ये तीखे एवं लम्बे हथियार से बनते हैं। जैसे कि सुई, चाकू या बोनट इत्यादि। इनकी ऊपरी सतह कम होती है, पर अन्दर तक गम्भीर घाव होते हैं।

किसी कर्मचारी को घाव लगने की हालत में सुरक्षा गार्ड को निम्नलिखित बातें ध्यान में रख कर प्राथमिक चिकित्सा देनी चाहिए। घाव के स्थान को ऊँचाई की तरफ ले जायें, जिससे उस स्थान पर खून कम पहुँचे एवं कम बहे। घाव के पास से कपड़ा हटा दें, पर कम से कम यदि खून का थक्का बन गया हो, तो उसे न छेड़ें। यदि कोई चीज घाव पर लगी हो, तो उसे हटा कर साफ पट्टी से घाव को पोछ दें, खून को प्रेशर डाल कर रोकने की कोशिश करें, घाव पर एण्टीसेप्टिक दवा लगा कर पट्टी कर दें, घाव के स्थान को स्थिर करें एवं उसे हिलने न दें। परन्तु ध्यान रहे कि यदि खून भीतर की तरफ बह रहा हो अर्थात् इण्टरनल ब्लीडिंग हो रही हो, तो घायल को खाने-पीने की कोई भी चीज न दें, क्योंकि इस हालत में डाक्टर उसे एनाजथोनिया अर्थात् बेहोशी की दवा देगा, जिससे मरीज के कुछ खाने या पीने के कारण उसे बेहद परेशानी एवं उल्टी आदि होगी।

सुरक्षा गार्ड को घाव को इस तरीके से निपटना चाहिए। इसके अलावा सुरक्षा गार्ड को एक अन्य प्रमुख समस्या से जूझना भी आना चाहिए जो कि अक्सर होती है। वह है- शॉक अर्थात् सदमा। सदमे दो प्रकार के होते हैं—प्रथम- नर्वस सदमा। यह किसी बुरी खबर या डर आदि की वजह से

होता है। इसमें कोई शारिरिक चोट नहीं लगती, परन्तु मानसिक चोट पहुँचती है। दूसरा है द्वितीयक शॉक (सदमा) इसमें चोट लगने के साथ ही शॉक लगता है जो कि ज्यादा खून बहने से ज्यादा जानकारी हो जाने से, हार्ट अटैक में, गाड़ी से कुचले जाने पर आदि कारणों से हो जाता है, एवं तीसरा शॉक होता है--बिजली का झटका। इसमें हार्ट अटैक तक हो सकता है, साँस रुक सकती है, दिल चलता रह सकता है, पर साँस रुक जाती है एवं शॉक लगने का स्थान जल जाता है। शॉक लगने की हालत में घायल को ज्यादा से ज्यादा आराम तथा फ्रेश हवा आने देनी चाहिए, जरूरत पड़ने पर मुँह से साँस भी देना होता है। मरीज को तरल पदार्थ जैसे ग्लूकोज आदि देना चाहिए एवं जल्दी से जल्दी मरीज को अस्पताल या नजदीकी डाक्टर के पास ले जाना चाहिए।

इसके अलावा सुरक्षा गार्ड को एक अन्य बात से अक्सर दो-चार होना पड़ता है वह है-बेहोशी। बेहोशी में दिमाग की कार्यवाही पर असर पड़ता है। बेहोशी दो प्रकार की होती है। प्रथम- स्टयूपर अर्थात् आधी बेहोशी एवं द्वितीय- कोमा अर्थात् पूरी बेहोशी। आधी बेहोशी में मरीज के चेहरे पर पानी डालने पर वह हरकत करता है, परन्तु कोमा में नहीं। इसे पहचानने का एक बेहतर तरीका है-आँख की पलकें उठा कर उस पर टॉर्च लाइट डालना। आधी बेहोशी में आँख की पुतली सिकुड़ जाएगी परन्तु कोमा में नहीं। बेहोशी के दौरान, मरीज को ठण्ढी हवा आने देनी चाहिए एवं उसे पूरा आराम देना चाहिए तथा मरीज को अस्पताल पहुँचाने तक उसे अकेला नहीं छोड़ना चाहिए।

पाँचवीं एवं अन्तिम इमरजेंसी जो सुरक्षा गार्ड को देखनी पड़ती है, वह है जलने की घटना एवं घाव। कोई व्यक्ति निम्नलिखित कारणों से जल सकता है। सीधी हीट (गर्मी) जैसे सूर्य या गर्म धातु या जलती हुई कोई चीज, दूसरे बिजली का करण्ट लगने पर, एसिड या सोडा आदि, उबलते पानी, तेल, घी, दूध, चाय, भाप आदि से। जलने की हालत में उस जगह पर फफोले पड़ जाते हैं। जलने पर सबसे पहले उस जगह पर तुरन्त एवं देर तक पानी डालते रहना चाहिए। अक्सर लोग समझते हैं कि पानी डालने से फफोले पर पड़ जाते हैं परन्तु यह एकदम गलत है। फफोले त्वचा के अन्दरूनी तरल से

पड़ते हैं एवं जले पर पानी डालना सबसे लाभकारी होता है, क्योंकि इससे उस स्थान का तापमान तुरन्त कम हो जाता है एवं ज्यादा अन्दरूनी जलन नहीं बढ़ती। जले हुए स्थान पर कोई कपड़ा, पट्टी या कोई भी चिकनी चीज या दवा नहीं लगानी चाहिए, न ही उसे ढँकने की कोशिश करना चाहिए। जलन के घाव का डाक्टर को ही उपचार करने देना चाहिए।

सुरक्षा गार्ड की आपकी ड्यूटी के दौरान आपको अक्सर इनका सामना करना पड़ेगा एवं यह ज्ञान आपके काम अवश्य आयेगा, अतः इसे ध्यान से पढ़ें एवं समझ लें।

❐❐❐

अध्याय-5

औद्योगिक सुरक्षा एवं कानून

सुरक्षा गार्ड के रूप में आपको अक्सर अपराध एवं अपराधियों का सामना करना पड़ेगा एवं इसके लिए आपको कानून एवं कानूनी कार्यवाही के बारे में जानकारी होना जरूरी है। सुरक्षा गार्ड्स पब्लिक ला एजेंसी जैसे कि पुलिस एवं आर्मी इत्यादि के सहायक के रूप में काम करते हैं। परन्तु ध्यान रहे कि प्राइवेट सुरक्षा गार्ड को पुलिस जैसी पावर एवं अधिकार हासिल नहीं हैं, इसलिए आपको सावधानी से कार्य करना होगा। आपको एवं कर्मचारियों को कानून के द्वारा दिये जाने वाले अधिकारों के बारे में इस अध्याय में जानकारी दी जाएगी।

हमारे देश में अपराध से निपटने के लिए दो प्रमुख कानून हैं- प्रथम आईपीसी अर्थात् इण्डियन पेनल कोड एवं द्वितीय सीआरपीसी अर्थात् क्रिमिनल प्रोजीसर कोड।

सुरक्षा के सन्दर्भ में इण्डियन पेनल कोड के कुछ सेक्शन जिनकी जानकारी आपको होनी चाहिए। निम्नलिखित हैं–

1. **सेक्शन-22- इम्मूवेबल प्रापर्टी**–वह सामान जिसे हटाया जा सकता है एवं जो कि जमीन से जुड़ी है- जैसे इमारत आदि।

2. **सेक्शन**-23- काँगफुल गेन- प्रापर्टी को गलत इस्तेमाल करके पैसा कमाना जो कि कानून के विरुद्ध है।

3. **सेक्शन-24- डिसआनेस्टी**- अर्थात् किसी व्यक्ति को गलत तरीके से नुकसान पहुँचाकर एवं रांगफुल गेन से पैसा बनाना।

4. **सेक्शन-28- काउण्टरफिट**- नकली सामान, नकली मुद्रा, या किसी अन्य चीज की नकल करके पैसा बनाना।

5. **सेक्शन-44- इंज्यूरी**- किसी व्यक्ति को कानून के विरुद्ध शारीरिक, मानसिक, इज्जत या प्रापर्टी से नुकसान पहुँचाना।

6. **सेक्शन-52- गुडफेथ**-कोई भी कार्य ऐसा करना जो कि शायद कानून के विरुद्ध हो परन्तु गुडफेथ अर्थात् सही इरादे से किया गया हो- जैसे कि किसी व्यक्ति को दूसरे व्यक्ति या इमारत को नुकसान पहुँचाने से बल प्रयोग करके रोकना, चाहे उसे शरीरिक चोट पहुँचे, वह गुडफथ में किया गया कार्य है।

7. **सेक्शन-80- एक्सीडेण्ट**—कानूनी कार्यवाही के दौरान- कानूनी रूप से, कानूनी तरीके से पूरी सुरक्षा एवं सावधानी बरतने के बाद भी यदि किसी व्यक्ति को नुकसान पहुँचाता है एवं जिसमें आपका इरादा क्रिमिनल न हो, तो आप वह काम कर सकते हैं। जैसे कि किसी व्यक्ति को आग लगाते हुए रोकने पर चोट लगना।

8. **सेक्शन-378- थेफ्ट**—अर्थात् चोरी- कोई भी व्यक्ति गैर ईमानदारी से किसी वस्तु को ले जाता है, तो वह चोरी है।

9. **सेक्शन**- **379, 380, 381, 3827**—ये भी चोरी के सेक्शन हैं जिसमें 379 खाली स्थान से चोरी, 380 इमारत में चोरी, 381 नौकर द्वारा इमारत में चोरी एवं 382 पूरा प्लान बनाकर एवं तैयारी के साथ की गयी चोरी शामिल है।

10. **सेक्शन-383 एक्सटार्शन**—किसी व्यक्ति को जान से मारने की धमकी देकर उससे पैसा वसूल करना एक्सटार्शन में आता है।

11. **सेक्शन-390- रॉबरी**—हथियार बन्द चोरों द्वारा किसी जगह से धमका कर चोरी करना एवं वहाँ लोगों को शारिरिक नुक्सान पहुँचाना या हत्या तक कर देना।

12. **सेक्शन- 391- डकैती**—पाँच से ज्यादा हथियार बन्द लोगों द्वारा की गयी रॉबरी एवं सामान ले जाने वक्त शारीरिक नुक्सान एवं हत्या तक कर देना डकैती कहलाता है।

13. **सेक्शन-403- क्रिमिनल मिस एप्रोप्रिएशन आफ प्रापर्टी**- किसी व्यक्ति द्वारा गैर ईमानदारी से किसी मूवेबिल (सचल) प्रापर्टी को जो कि दूसरे की है, अपने नाम करवा लेना इस सेक्शन में आता है।

14. सेक्शन-405- क्रिमिनल ब्रीच आफ ट्रस्ट—इसमें किसी को मालिक के द्वारा भरोसे में दी गयी प्रापर्टी को, मालिक का भरोसा तोड़ते हुए उस प्रापर्टी को बेचना या अपने नाम करके पैसे कमा लेना आता है। मुख्य बात है भरोसा तोड़ना।

15. सेक्शन-410-414—चोरी की गयी प्रापर्टी के बारे में है।

16. सेक्शन- 415—चीटिंग या धोखा देना।

17. सेक्शन- 349—बल एवं बल प्रयोग के बारे में है।

18. सेक्शन- 319—(हर्ट) अर्थात् चोट पहुँचाने के बारे में है एवं सेक्शन 320, 338 भी विभिन प्रकार की चोट के बारे में है।

19. सेक्शन-329- रांगफुल रिस्ट्रेन—किसी व्यक्ति को गैर कानूनी तरीके से कमरे में बन्द करने या एक जगह रोकने के बारे में है।

20. सेक्शन-441- क्रिमिनल ट्रेसपास—किसी भी प्राइवेट प्रापर्टी या कम्पनी में गैर कानूनी तरीके से एवं बिना इजाजत, प्रापर्टी या मालिक को नुक्सान पहुँचाने या चोरी करने की नीयत से घुसना इसमें आता है। सुरक्षा गार्ड के लिए ये दो सेक्शन-329/441समझना अत्यन्त जरूरी है, क्योंकि इन दोनों सेक्शन के तहत आपको सुरक्षा करने की कानूनी शक्ति हासिल होती है।

21. सेक्शन-442- हाउस ट्रेस पास—यह किसी के घर में बिना इजाजत चोरी की नीयत से घुसने के बारे में है एवं सेक्शन- 448/452 भी इससे सम्बन्धित है।

22. सेक्शन- 479- प्रापर्टी मार्क—किसी भी प्राडक्ट के ट्रेडमार्क की नकल करना एवं उसे बेचना इसके अन्तर्गत आता है।

इसके अलावा वर्कर्स के अनरेस्ट से सम्बन्धित कुछ सेक्शन आगे दिये गये हैं, जो कि सुरक्षा गार्ड को जानना जरूरी है।

23. सेक्शन-141- अनलॉफुल एसेम्बली- अर्थात् धारा 141 के बारे में आपने अवश्य सुना होगा। इसके तहत तनाव की स्थति में एक जगह पर 5 से ज्यादा लोगों का इक्ट्ठा होना गैर कानूनी है। यदि ये लोग निम्नलिखित बातों में संलग्न हों।

(अ) किसी सरकारी इमारत या अधिकारी को नुक्सान पहुँचाने वाले हों।

(ब) किसी सरकारी कार्यवाही को रोकने के लिए जमा हों।

(स) कोई अपराध या किसी इमारत में गैर कानूनी तरीके से घुसने वाले हों।

(द) आपराधिक बल का प्रयोग किसी को नुक्सान पहुँचाने के लिए कर रहे हों या बल प्रयोग करके किसी से गैर कानूनी कार्य करवा रहे हों। इसी में धारा- 143, 144, 145 के तहत इनके लिए 6 महीने से लेकर 2 साल तक सजा का प्रावधान है।

24. सेक्शन- 146- राँइटिंग- ताड़फोड़ करना, किसी भी गैर कानूनी भीड़ द्वारा सरकारी या प्राइवेट सम्पत्ति में या लोगों को बलपूर्वक नुकसान पहुँचाना इसके अन्दर आता है।

25. सेक्शन-147 से 153- से इसके लिए 8 माह से 3 साल तक सजा का प्रावधान है।

26. सेक्शन-159- दो या अधिक व्यक्तियों द्वारा पब्लिक प्लेस में लड़ाई- झगड़ा करना एवं उस इलाके की शान्ति भंग करने को 'अफरे' कहते हैं। इसकी सजा एक महीने की जेल है।

सुरक्षा गार्ड के रूप में आपको अपनी कम्पनी की इमारत, कर्मचारी एवं मशीनों आदि की सुरक्षा की जिम्मेदारी होती है एवं इसके लिए सुरक्षा गार्ड को कुछ कानूनी अधिकार दिये गये हैं। इन्हें प्रोटेक्टिव लॉ एवं प्राइवेट डिफेंस कहते हैं, आपके लिए इन कानूनों को जानना अत्यन्त जरूरी है, जो कि निम्नलिखित हैं–

27. सेक्शन-96- प्राइवेट डिफेंस में स्वयं की एवं प्रापर्टी की सुरक्षा करने में किया गया कार्य अपराध नहीं माना जाता।

28. सेक्शन-97- हर व्यक्ति में अपने शरीर एवं अन्य व्यक्ति के शरीर की रक्षा करने का अधिकार है एवं अपनी या कम्पनी या अन्य की मूवेबिल एवं इनमूवेबिल (सचल और अचल) प्रापर्टी की रक्षा, तोड़फोड़, चोरी, आगजनी एवं गैर कानूनी इण्ट्री के खिलाफ रक्षा करने का अधिकार है।

29. सेक्शन-99- इसमें किसी व्यक्ति के खिलाफ सेल्फ डिफेंस में कार्यवाही करने का अधिकार सुरक्षा गार्ड को नहीं है, यदि वह व्यक्ति आपको गहरी चोट या हत्या का प्रयास नहीं कर रहा हो तो। आपके द्वारा

की गयी कार्यवाही इस स्थिति में कानून द्वारा जस्टिफाई नहीं की जा सकती। इसी तरह की हालत में आपने अधिकारी द्वारा आदेश दिये जाने पर भी यह कार्यवाही गैर कानूनी है, परन्तु यदि वह गुडफेथ में की गयी हो, तो उस पर कानूनी बाध्यता नहीं है।

सुरक्षा गार्ड को यह समझना अत्यन्त जरूरी है कि सेल्फ डिफेंस का प्रापर्टी के डिफेंस में अपराधी के विरूद्ध कार्यवाही करना, यदि आपके पास वक्त न हो, तो जायज एवं कानूनी है, परन्तु यदि आपके पास पुलिस में जानकारी देने एवं बुलाने का काफी वक्त है, तब भी आप किसी व्यक्ति को सेल्फ डिफेंस में नुक्सान पहुँचा देते हैं, तो यह गैर कानूनी है। सेल्फ डिफेंस में किसी व्यक्ति को जिसने आप पर या प्रापर्टी पर हमला किया हो, उसे जरूरत से ज्यादा शरीरिक नुक्सान पहुँचाना जायज नहीं है। आपको केवल उतना ही बल प्रयोग सेल्फ डिफेंस में करने का अधिकार दिया गया है, जो कि उस व्यक्ति रोकने के लिए जरूरी है, उससे ज्यादा नहीं। इसके बारे में निम्नलिखित सेक्शन में और जानकारी दी गयी है–

30. सेक्शन–100–आप अपनी सुरक्षा गार्ड की ड्यूटी के दौरान सेल्फ डिफेंस में हमलावर को यदि गहरी शारिरिक चोट पहुँचाते हैं या उसकी हत्या कर देते हैं, तो ऐसा करने का अधिकार आपको केवल निम्नलिखित अवस्था में ही है, अन्यथा नहीं। यह गैर कानूनी होगा।

(A) यदि हमलावर के हमले से आपको लगता है कि वह आपको गहरी चोट पहुँचा सकता है या कि आपकी हत्या तक कर सकता है।

(B) यदि महिला पर बलात्कार करने के इरादे से हमला किया गया हो।

(C) यदि अप्राकृतिक हरकत, जैसे, बलि, सोडोमी इत्यादि के इरादे से हमला किया गया हो।

(D) अपहरण या उठाने के इरादे से हमला किया गया हो।

(E) आपको कैद करने के इरादे से हमला किया गया हो और आपको लगता हो कि कैद होने के बाद आप पुलिस या अन्य किसी से सम्पर्क नहीं कर पायेंगे।

F.I.R. प्राथमिक सूचना रिपोर्ट

सुरक्षा गार्ड के रूप में आपको FIR करने की जिम्मेदारी दी जा सकती है। इसलिए इसके बारे में जानना जरूरी है। ध्यान रखें कि किसी भी घटना के होने के बाद एवं अपराधी को पकड़ने के बाद आप कम्पनी के मैनेजमेण्ट से बात करें एवं उनकी अनुमति मिलने के बाद ही रिपोर्ट करायें।

FIR बनाने में निम्नलिखित बातों का ध्यान रखना जरूरी है–

1. FIR साधारण भाषा में घटना एवं अपराध की जानकारी देने के लिए लिखी जाती है एवं इसमें केवल मुख्य घटना की जानकारी तथा रिपोर्ट ही लिखनी होती है। अन्य बातें जो कि घटना से सम्बन्धित, लिखनी चाहिए।

2. घटना की डेट, टाइम, स्थान, अवश्य लिखना चाहिए।

3. यदि अपराधी की पहचान जैसे नाम, पता आदि मालूम हो, तो उसे लिखना चाहिए एवं यदि नहीं, तो उसका डिसक्रिप्शन अर्थात् कद, काठी, निशान इत्यादि को लिखना चाहिए।

4. घटना के विटनेस/(गवाह) एवं आई विटनेस का पूरा डिटेल देना चाहिए तथा पकड़े गये सामान एवं अन्य सबूतों को लिखना चाहिए।

5. घटना में घायल व्यक्ति या यदि किसी व्यक्ति की मौत हो गयी हो, तो उसका पूरा डिटेल लिखना चाहिए।

6. FIR को पुलिस थाने में जमा करने के बाद उसकी एक कापी सील एवं हस्ताक्षर के साथ स्वयं ले लेनी चाहिए।

ध्यान रखें कि आपके द्वारा FIR में दी गयी जानकारी के अनुसार ही पुलिस पहले जाँच पड़ताल करती है। अतः घटना की पूरी जानकारी FIR में देनी चाहिए।

आर्थिक एवं वैधानिक नियम

सुरक्षा गार्ड के रूप में आपकी बेहतरी के लिए सरकार द्वारा कुछ वैधानिक व्यवस्थाएँ की गयी हैं, जो कि आपको आर्थिक सुरक्षा देती हैं। सभी सुरक्षा एजेंसियों को इन नियमों का पालन करना होता है। अतः आपको इन वैधानिक व्यवस्थाओं के बारे में नीचे जानकारी दी जा रही है–

1. ESIC ACT एम्पलायर स्टेट इंश्योरेंस एक्ट 1948-

इस एक्ट के तहत हर कर्मचारी को बीमारी की अवस्था में मेडिकल सहायता दी जाती है। इसके लिए कई ESIC अस्पताल हैं, जहाँ कर्मचारी को मुफ्त इलाज की सुविधा दी जाती है। इसके अलावा महिला कर्मचारी को मैटरनिटी सहायता, किसी कर्मचारी के डिलेवरी हो जाने पर सहायता, मृत्यु होने पर परिवार को सहायता आदि दी जाती है। इस एक्ट के तहत कर्मचारी को ESIC फण्ड में बेसिक सैलरी का अमाउण्ट जमा करना होता है तथा सुरक्षा एजेंसी 1.75 प्रतिशत अपनी तरफ से बेसिक सैलरी का 4.75 प्रतिशत जमा कराती है। इस तरह एक सुरक्षा गार्ड को बेसिक सैलेरी का 5.50 प्रति रकम, इंश्योरेंस के अन्तर्गत हासिल होता है, जो कि जरूरत पड़ने पर ESIC द्वारा आपकी मदद के लिए हासिल होती है।

इस ऐक्ट की ज्यादा जानकारी आप इसकी वेबसाइट www.esic.in पर जाकर हासिल कर सकते हैं।

2. P.F. या एम्प्लाई प्रोविडेण्ट फण्ड स्कीम 1952 -

इस एक्ट के अन्तर्गत कर्मचारी को निम्नलिखित सुविधाएँ दी जाती हैं। (1) रिटायरमेण्ट (2) मेडिकल केयर (3) मकान (4) परिवार की सुरक्षा (5) बच्चों की शिक्षा (6) इंश्योरेंस।

इसके ऐक्ट के अन्तर्गत कर्मचारी की बेसिक सैलरी का 12 प्रतिशत हिस्सा इस फण्ड में जमा होता रहता है एवं एम्प्लायर अर्थात् सुरक्षा एजेंसी अपनी तरफ से भी 12 प्रतिशत पैसा जमा करती है। अत: आपके P.F. में 24 प्रतिशत रकम जमा होती होती रहती है। इसके अलावा आपको इस जमा रकम पर 8 प्रतिशत ब्याज भी मिलता रहता है।

'रिटायरमेण्ट' के बाद आप इस पूरी रकम को एक साथ निकाल सकते हैं, जो कि आपके रिटायरमेण्ट में काम आता है। इस एक्ट के बारे में ज्यादा जानकारी आप इसकी बेबसाइट www.epfindia.nic.in से हासिल कर सकते हैं।

4. पेमेण्ट आफ ग्रेच्यूटी ऐक्ट-1972-

इस ऐक्ट के अनुसार एक कम्पनी में कम से कम 5 साल तक काम करने

के बाद कर्मचारी के रिटायरमेण्ट लेने पर उसे ग्रेच्युअटी दी जाती है जो कि पूरी सर्विस के सालों के हिसाब से हर साल पर 15 दिन के वेतन के बराबर जो कि उसका आखिरी वेतन हो, के बराबर पैसा, पूरी सर्विस के सालों के हिसाब से दिया जाता है। इसके लिए आपके एम्पलायर से ग्रेच्युअटी का पैसा देने के लिए 4 प्रतिशत बेसिक सैलरी का कटता है। इस ऐक्ट के बारे में ज्यादा जानने के लिए www.labour.nic.in पर जा सकते हैं।

5. मिनिमम वेजेज ऐक्ट- 1948 -

इस ऐक्ट के तहत आप जिस राज्य में काम करते हैं, वहाँ की सरकार अकुशल, अर्द्धकुशल एवं कुशल कर्मचारियों के लिए मासिक मिनिमम वेज का ऐलान करती है तथा इसे साल में दो बार रिवाइज किया जाता है। अत: आपको मालूम होना चाहिए कि आपके इलाके में क्या मिनिमम वेज है, ताकि कोई आपका शोषण न कर सके। मिनिमम वेज से कम पैसे देकर काम करवाना कानूनन अपराध है एवं आप इसकी शिकायत अपने इलाके के लेबर आफिस से कर सकते हैं। उदाहरण के लिए उत्तर प्रदेश में अकुशल कर्मचारी का मिनिमम वेज अभी 3900/- प्रति माह है।

6. रिलीविंग चार्जेन

सरकारी नियमानुसार हफ्ते में आप 6 दिन काम करने के बाद 1 दिन की छुट्टी अर्थात् रविवार की छुट्टी के हकदार हैं। सुरक्षा एजेंसी कम्पनी से इसके लिए रिलीविंग चार्ज हासिल करते हैं जो कि 6 प्रतिशत होता है। रविवार की छुट्टी पर आपका हक है एवं यदि आप रविवार को भी काम कर रहे हैं, तो आपको उसका पेमेण्ट मिलना चाहिए। अत: यह ध्यान रखने की बात है कि कहीं कम्पनी आपको 7 दिन काम करवा रही है एवं क्लाइण्ट कम्पनी से रिलीविंग चार्ज भी ले रही है, वह पैसा आपको मिल रहा है या नहीं।

7. प्राइवेट सिक्योरिटी एजेंसी (रेगुलेशन) एक्ट-2005 -

सुरक्षा गार्ड के बतौर आपको जानना जरूरी है कि आपकी सुरक्षा एजेंसी के पास लाइसेंस है या नहीं। सन 2005 में केन्द्र सरकार ने PSARA Act-2005 लागू किया है, जिसके अन्तर्गत हर सुरक्षा एजेंसी को लाइसेंस लेना अनिवार्य है। लाइसेंस एक या दो डिस्ट्रिक्ट में काम करने वाली एजेंसी या फिर पूरे

राज्य में कार्य करने वाली एजेंसी एवं पूरे देश में कार्य करने वाली हर एजेंसी के लिए अनिवार्य है। अतः आप पता जरूर करें कि आपकी सुरक्षा एजेंसी के पास लाइसेंस है या नहीं। यदि नहीं है तो आपको ऊपर बतायी गयी मिलने वाली सुविधाएँ हासिल नहीं होगी जो कि आपका अधिकार है एवं ऐसी एजेंसी में काम करना कानूनन गलत भी है।

सुरक्षा गार्ड के बतौर काम करने के लिए आपको ऊपर दिये गये इन सरकारी नियमों एवं सुविधाओं के बारे में जानना अत्यन्त आवश्यक है, जिससे कि आप अपने अधिकारों के प्रति सतर्क रहें तथा आपका शोषण न हो सके।

अन्त में आपको बताना चाहूँगा कि सुरक्षा एजेंसी किस तरह से सुरक्षा गार्ड के वेतन का लेखा बनाकर कम्पनी से पैसा हासिल करती है एवं उसमें से कितना पैसा आपसे मिलता है। नीचे एक सैम्पल वेज स्ट्रक्चर दिया गया है।

सि.नं.	पर्टिकुलर्स	सुरक्षा गार्ड अकुशल	हेड गार्ड अर्द्धकुशल	सुरक्षा सुपरवाइजर कुशल
1.	बेसिक वेज	3,130/-	3,230/-	3,330/-
2.	महँगाई भत्ता	873/-	873/-	873/-
3.	वैधानिक खर्च 46.75 प्रतिशत	1,463/-	1,510/-	1,557/-
4.	1/6 का रिलीविंग चार्ज	911/-	936/-	960/-
5.	एजेंसी चार्जेज 10 प्रतिशत	638/-	655/-	672/-
6.	सर्विस टैक्स 12.36 प्रतिशत	867/-	890/-	914/-
7.	टोटल	7,883-	8,094/-	8,306/-

वैधानिक चार्जेज

1. प्राविडेण्ट फण्ड	13.61
2. ESIC	4.75

3.	बोनस	10%
4.	ग्रेच्युअटी	4%
5.	लीव	6%
6.	यूनिफार्म	8%
7.	मौसमी वर्दी	3.39%
8.	टोटल	46.75%

इस तरह से सुरक्षा गार्ड की सैलरी एवं अन्य मदों को बनाया जाता है एवं कम्पनी से पैसा लिया जाता है। आपकी जानकारी के लिए यह जरूरी है।

सुरक्षा गार्ड के लिए DOS'S/DONT'S

इस पूरी किताब को पढ़ने के बाद आपको सुरक्षा गार्ड के काम के बारे में जरूरी एवं महत्वपूर्ण जानकारी हासिल हो गयी होगी। मैं आशा करता हूँ कि आप सुरक्षा गार्ड के कार्य को आसानी एवं असरदार तरीके से कर पाएँगे। अतः अन्त में मैं आपको चन्द व्यावहारिक बातों को बताना चाहूँगा अर्थात् सुरक्षा गार्ड की अपनी ड्यूटी के दौरान आप क्या करें एवं क्या नहीं अर्थात् DOS's/DONT's.

सर्वप्रथम Do's

1. ड्यूटी के दौरान हमेशा साफ-सुथरी, स्मार्ट एवं प्रैस की हुई यूनिफार्म एवं पालिश किये हुए जूते पहनें, नाइट ड्यूटी में भी।

2. हमेशा अपने उचाधिकारियों एवं कम्पनी के बड़े अधिकारियों को दुरूस्त तरह से सैल्यूट मारें।

3. ड्यूटी पर कभी भी बिना दाढ़ी बनाये न आयें।

4. हमेशा अलर्ट रहें एवं अपने अधिकारियों से बात करते समय सावधान मुद्रा में रहें।

5. हमेशा अपनी यूनिफार्म में सीटी रखें तथा इमरजेंसी में अथवा साथी को बुलाने के लिए सीटी बजाएँ।

6. आग लगने की हालत में आग-आग-आग चिल्लाएँ एवं लगातार

सीटी बजाते रहें ताकि सबको पता लग जाये।

7. आग को बुझाने की कार्यवाही तुरन्त करें।

8. इमारत की लाइटें चैक करें एवं जहाँ जरूरी न हो, वहाँ की लाइट बुझा दें।

9. रात के समय इमारत की सारी खिड़कियाँ एवं दरवाजे चैक करें तथा बन्द करें।

10. अपने ड्यूटी रजिस्टर्स को समय पर एवं लगातार भरें।

11. सभी कर्मचारियों को कम्पनी में आते एवं जाते वक्त चैक करें।

12. विजिटर्स एवं रिपेयर मैन आदि को बिना इजाजत प्रवेश न करने दें।

13. ड्यूटी बदलने वाले सुरक्षा गार्ड को पूरी जानकारी दें।

14. यूनियन के लोगों की कार्यवाही की जानकारी अपने अधिकारियों को दें।

15. सभी आदेशों एवं निर्देशों का पालन करें।

16. सभी पोस्टों पर एवं अपने पास डायरी में सभी महत्वपूर्ण लोगों के टेलीफोन नम्बर रखें, जैसे– पुलिस, फायर, ब्रिगेड, हास्पिटल, एम्बुलेंस व सुरक्षा कम्पनी तथा क्लाइण्ट कम्पनी के उच्चाधिकारी आदि।

17. इमरजेंसी के दौरान हमेशा अपनी पोस्ट पर रहें।

18. अपनी पर्सनल प्राब्लम को क्लाइण्ट कम्पनी के अधिकारियों के पास न ले जायें, अपितु सुरक्षा एजेंसी, एवं ब्राँच मैनेजर को बतायें।

19. हमेशा मददगार तथा विनम्र रहें।

20. कम्पनी के विजिटर्स को जानें एवं बड़े तथा विशिष्ट व्यक्तियों को बेवजह न रोकें।

21. पोस्ट पर टेलीफोन पर नम्रता से बात करें एवं अपना नाम बतायें।

22. स्क्रेप एवं कूड़ेकचरे को कम्पनी के बाहर जाते वक्त चैक करें।

23. ध्यान रखें कि आपकी ड्यूटी के दौरान एवं आपकी पोस्ट के पास यदि चोरी हो जाती है, तो आपको पेनाल्टी (जुर्माना) भरनी पड़ सकती है। अत: सदैव सतर्क रहें तथा अपने इलाके में चोरी न होने दें।

24. केवल आथराइज (अधिकृत) लोगों एवं माल को अन्दर जाने दें।

25. अपना संयम हमेशा रखें, किसी से झगड़ा न करें।

26. अपना पहचान-पत्र हमेशा गले में पहने रहें एवं यह दिखना चाहिए।

27. यदि कोई महँगी वस्तु कैम्पस में पड़ी हो, तो इसकी जानकारी तुरन्त अपने अधिकारियों को दें।

28. कभी भी डबल ड्यूटी न करें, क्योंकि इससे आप अलर्ट नहीं रह पाएगें एवं चोरी का खतरा बढ़ जाएगा और जो पैसा आप दुगुनी ड्यूटी से कमाना चाहते हैं, उससे ज्यादा का नुक्सान आप को हो सकता है।

29. ओवर टाइम केवल जरूरी होने पर ही करें।

इन चद बातों को ध्यान में रखने पर आप सुरक्षा गार्ड की ड्यूटी बेहतर तरीके से निभा सकते हैं। आइए! अब आपको उन बातों को बतायें जो कि आपको ड्यूटी के दौरान नहीं करनी चाहिए।

सुरक्षा गार्ड के लिए Dont's

1. कभी भी ड्यूटी पर बिना पूरी एवं साफ यूनिफार्म के न आयें।

2. ड्यूटी पर कभी भी चप्पल न पहनें।

3. किसी सन्दिग्ध व्यक्ति को देखने पर उसे चेतावनी देने में न डरें।

4. बात सीधे-साफ शब्दों में करें, हकलायें या नर्वस न हों।

5. छोटी-सी छोटी आग को भी अनदेखा न करें।

6. कम्पनी के कर्मचारियों से दोस्ती न बढ़ायें।

7. कम्पनी के कर्मचारियों या अधिकारियों से कभी भी उधार न माँगे।

8. पोस्ट पर कोई खरीद या बिक्री न करें।

9. पोस्ट पर ड्यूटी के दौरान पत्र न लिखें, यूज पेपर न पढ़ें एवं न ही गप्पबाजी करें।

10. किसी भी व्यक्ति को कैजुअली कम्पनी के अन्दर न जाने दें।

11. पोस्ट पर बीड़ी, गुटखा, तम्बाकू या शराब का सेवन कभी न करें।

12. बिना इजाजत कम्पनी का कोई भी सामान बाहर न जाने दें।

13. कभी भी अपनी पोस्ट बिना आज्ञा के न छोड़ें। यदि आपका रिलीवर लेट हो, तो उसके आने के बाद ही पोस्ट छोड़ें।

14. कम्पनी से निकाले गये कर्मचारियों को अन्दर न आने दें।

15. कम्पनी बन्द होने के बाद मेन गेट हमेशा बन्द रखें।

16. खराब एवं गन्दे तरीके से किसी से बात न करें।

17. विनम्र रहें।

18. अपनी पर्सनल प्राब्लम कम्पनी के लोगों को न बतायें।

इन चन्द न करने वाली बातों को, सुरक्षा गार्ड को हमेशा ध्यान में रखना चाहिए।

निष्कर्ष

अन्त में आपको पुन: ध्यान दिलाना चाहूँगा कि हमने इस पुस्तक में देखा कि किस तरह प्राइवेट सुरक्षा की बुनियाद देश में पड़ी एवं बड़ी सुरक्षा कम्पनी का स्वरूप कैसा होता है एवं यह किस तरह एवं क्या-क्या काम करती है। सुरक्षागार्ड का काम करने के लिए यह जानकारी आपको अवश्य उचित एवं सही लगी होगी तथा आपके काम आएगी।

इसके बाद हमने सुरक्षा गार्ड की ट्रेनिंग के विभिन्न विषयों पर प्रकाश डाला, जो कि आपकी जानकारी के लिए अत्यन्त महत्वपूर्ण साबित होंगे। ये विषय थे- सुरक्षा गार्ड, महिला गार्ड, हेड गार्ड, गन मैन, PSO बाउंसर, सुरक्षा सुपरवाइजर, असाइनमेण्ट अधिकारी, फील्ड आफिसर, ब्रांच मैनेजर, हैड आफिस आदि की ड्यूटी।

आपने औद्योगिक सुरक्षा के सिद्धान्त को समझा। फिर- चोरी, हमला, रॉबरी, आरसन, झगड़े, वैडेलिज्म, डकैती, हत्या, ईव टीजिंग, बलात्कार, देह व्यापार, पिक पाकेट, सोडोमी, नशा, उधार, एमबेजलमेण्ट, पिलफ्रेज आदि अपराधों को समझा एवं इनके रोकने के तरीकों के बारे में जाना। फिर कम्पनी के सामान, सूचना की सुरक्षा के बारे में जाना तथा कम्पनी की सुरक्षा की तीन दीवारों के बारे में जाना। इसके बाद विभिन्न तरह की कम्पनियों की सुरक्षा के बारे में जाना, कम्पनी के डाक्यूमेण्टस, रिपोर्ट एवं रजिस्टर्स को भरना सीखा, सुरक्षा जाँच इनवेस्टीगेशन के बारे में जाना। औद्योगिक

हड़ताल एवं भीड़ की मानसिकता को समझना, सेबोटाज एवं बम के खतरे से निपटना सीखा, विभिन्न तरह के इलेक्ट्रॉनिक सुरक्षा उपकरणों के बारे में जानकारी हांसिल की, फायर फाइटिंग की जानकारी ली, डिजास्टर प्लानिंग एवं इमरजेंसी कण्ट्रोल्स के बारे में जाना, औद्योगिक सेफ्टी के बारे में जाना, प्राथमिक चिकित्सा देना सीखा तथा सुरक्षा से सम्बन्धित कानून आईपीसी की धाराओं एवं सुरक्षा गार्ड के अधिकार, शक्ति एवं जिम्मेदारी को समझा, प्राथमिक सूचना अर्थात् एफआईआर बनाना सीखा एवं अन्ततः सुरक्षा गार्ड से सम्बन्धित आर्थिक एवं वैधानिक व्यवस्थाओं एवं सुरक्षा गार्ड के सैलरी चार्ट को देखा ताकि सुरक्षा गार्ड के बतौर आपको सरकार द्वारा दी गयी वैध ानिक सुविधाओं के बारे में जानकारी रहे एवं आपका शोषण न हो सके। सबसे बाद में परन्तु महत्वूपर्ण नियम सुरक्षा गार्ड के लिए करने एवं न करने वाली बातों के बारे में जानकारी ली। इस तरह इस पुस्तक में हमने सुरक्षा गार्ड के कार्य से सम्बन्धित लगभग हर बात को विस्तार से आपके सामने प्रस्तुत किया, जिससे आपको अवश्य ही भरोसा पैदा हुआ होगा कि इन सब जानकारी को हासिल करने के बाद आप सुरक्षा गार्ड की भूमिका बेहतर एवं असरदार तरीके से निभा सकते हैं।

यह पुस्तक कार्यरत एवं नये युवक यदि सुरक्षागार्ड की नौकरी करना चाहते हैं, दोनों के लिए बहुत उपयोगी साबित होगी। ऐसा मेरा विश्वास है। अन्त में आपकी पूरी मदद करने के लिए आगे देश के विभिन्न हिस्सों में कार्यरत विभिन सुरक्षा एजेंसियों के नाम एवं टेलीफोन नम्बर की लिस्ट दी जा रही है, जहाँ पर आप सम्पर्क करके सुरक्षा गार्ड की नौकरी हासिल कर सकते हैं। यह लिस्ट नये युवकों एवं पुराने सुरक्षा गार्ड्स दोनों के लिए मेरी तरफ से अन्तिम महत्वपूर्ण जानकारी है, जो कि आपके बेहद काम में आने वाली है। अतः इसका पूरा उपयोग करें।

अन्ततः मैं आपको इस पुस्तक को पढ़ने के लिए धन्यवाद देना चाहूँगा एवं कामना करूँगा कि आप सुरक्षा गार्ड की नौकरी हासिल भी कर पायें एवं उसे बेहतर तरीके से निभा भी सकें।

धन्यवाद!

❑❑❑